Empreintes & mémoire

—————— LES PUBLICATIONS DU QUÉBEC ——————
1000, route de l'Église, bureau 500, Québec (Québec) G1V 3V9

VENTE ET DISTRIBUTION
Téléphone : 418 643-5150 ou, sans frais, 1 800 463-2100
Télécopie : 418 643-6177 ou, sans frais, 1 800 561-3479
Internet : www.publicationsduquebec.gouv.qc.ca

CATALOGAGE AVANT PUBLICATION
DE BIBLIOTHÈQUE ET ARCHIVES NATIONALES DU QUÉBEC
ET BIBLIOTHÈQUE ET ARCHIVES CANADA

Brunel, Suzel

Empreintes & mémoire : l'arrondissement historique du Vieux-Québec

Comprend des réf. bibliogr.

ISBN 978-2-551-19762-0

1. Vieux-Québec (Québec, Québec) – Histoire.   2. Architecture – Québec
(Province) – Québec – Histoire. I. Roy, Alain, 1956-   . II. Commission des biens
culturels du Québec. III. Titre.

FC2946.53.B78 2007   971.4'471   C2007-941319-6

COMMISSION DES BIENS CULTURELS DU QUÉBEC

Empreintes & mémoire

L'ARRONDISSEMENT HISTORIQUE DU VIEUX-QUÉBEC

LES PUBLICATIONS DU QUÉBEC

Édition produite par
Les Publications du Québec
1000, route de l'Église, bureau 500
Québec (Québec) G1V 3V9

Les Publications du Québec
Jean Montreuil, chef du projet d'édition
Brigitte Carrier, conception et mise en pages
Pascal Couture, chargé de production

Cet ouvrage est publié à l'occasion du 400e anniversaire
de fondation de la Ville de Québec. Il a été réalisé par la
Commission des biens culturels du Québec et financé
en partie grâce à la participation du Québec au Répertoire
canadien des lieux patrimoniaux.

Mario Dufour, président
Commission des biens culturels du Québec

Direction de la publication :
Suzel Brunel, vice-présidente, Commission des biens culturels du Québec
Rédaction : Suzel Brunel, Alain Roy
Recherche : Alain Roy, Nathalie Hamel, Jacques Saint-Pierre
Révision linguistique : Hélène Dumais, Corinne Gustin, Services Fortexte inc.
Photographies aériennes : Pierre Lahoud
Photographies au sol : Sylvie Lacroix
Traitement cartographique : Guy Mongrain, Diane Bussières, Louise Méthé
Traitement de texte : Suzanne Turcotte

Commission des biens culturels du Québec
225, Grande Allée Est, bloc A, RC
Québec (Québec) G1R 5G5

Téléphone : 418 643-8378
Télécopieur : 418 643-8591
Adresse électronique : info@cbcq.gouv.qc.ca
Site Internet : www.cbcq.gouv.qc.ca

Dépôt légal — 2007
Bibliothèque et Archives nationales du Québec
Bibliothèque et Archives Canada

ISBN 978-2-551-19762-0

Préface

▶ DURES, **ELLES DURENT**, LES PIERRES DE QUÉBEC

Québec fut mon berceau; elle sera sans doute mon tombeau.
J'aurai été ainsi doublement québécois.

Je suis né dans cette Basse-ville de Québec parsemée d'escaliers en colimaçon, j'ai passé mon adolescence à potasser grec et latin en la Vieille ville, je mûris parmi les bungalows des quartiers quadrillés de la Haute-ville.

Le Vieux-Québec, je l'ai fréquenté et le fréquente encore assidûment. J'y accédais à pied chaque jour, me dirigeant résolument vers la côte de la Canoterie pour grimper le cap; j'admirais d'en bas les pierres de ces belles maisons anciennes qui, comme pour ne pas dégringoler, s'agrippaient les unes aux autres. Les fins de semaine, j'organisais de complexes jeux de piste pour amener mes copains à connaître ces héros qui ont marqué notre histoire; nous découvrions ces valeureux Québécois au détour d'une rue sinueuse ou dans la perspective d'une place bordée d'ormes, sur les plaques, statues et monuments qui ponctuent cet ensemble historique.

Les Laurentides moutonnant paresseusement à l'horizon et l'évasement crochu du grand fleuve stimulaient notre imagination. Quand nous débouchions sur les remparts, suffoqués par la perspective, nous nous arrêtions pour discuter, nous laissant envahir par les rêves… aventures de coureurs des bois chez les Indiens, expéditions à moto jusqu'aux confins de la Terre de feu, équipées de flibuste aux sombres voiles. Les marées de cinq mètres n'effrayaient nullement la meute de goélettes de bois parquées en contrebas qui s'apprêtaient à caboter avec un simple équipage familial.

Aujourd'hui, je continue de fréquenter ces vieilles pierres. Deux ou trois fois par semaine, je me réserve une heure ou deux pour me requinquer. Avec mon amoureuse, je me rends alors « dans le Vieux » en contournant le cap par le sud pour côtoyer la mer; nous fréquentons un de ces petits cafés d'où nous regardons battre le cœur de cette ville où viennent flâner jeunes bigarrés, affairistes prospères et visiteurs internationaux.

Quel courage et quelle inventivité ont pu animer nos ancêtres pour qu'ils réussissent à construire, avec de banales pierres grises, une ville si chaleureuse malgré trois mètres de chutes de neige chaque hiver ! C'est la combinaison de ce cadre naturel, de ces constructions bien adaptées et de l'âme de ces devanciers qui a forgé le caractère de nos concitoyens. Aujourd'hui, la même ingéniosité anime les jeunes générations qui exportent partout dans le monde leurs talents en arts et littérature ou en des domaines de sciences et technologies aussi pointus que la photonique ou le multimédia.

Oui, les pierres de Québec me parlent encore car elles ont leur vie à elles, les pierres. Comme les humains, pour un temps elles tiennent le coup, puis décrochent parfois avant de reprendre le collier, ragaillardies. Certaines ont joué plusieurs rôles au cours de leur existence, rôle parfois modeste comme simple pavé de rue pour soutenir le pas des enfants et réverbérer leurs cris, ou rôle plus prestigieux comme pierre d'angle d'un édifice impérial inauguré au son des tambours.

Les pierres de Québec sont là pour nous rappeler que d'autres avant nous ont occupé et bâti ce territoire, l'ont façonné selon leurs besoins et avec leurs talents. Elles nous disent d'où nous venons pour que nous puissions mieux voir où nous allons. Elles conservent en elles une partie de la main et du cœur de nos aïeux. Le présent ouvrage, *Empreintes & mémoire*, traduit notre Histoire des pierres avec une sûreté du détail, une élégance du texte et une richesse d'imagerie qui en rendent captivantes la lecture et la consultation. Les amoureux de la ville se réjouiront de disposer d'un vade-mecum qui leur permet de connaître plus intimement encore ce joyau du trésor mondial qu'est le Vieux-Québec.

Bien sûr, quand la pluie et la neige les mouillent, les pierres de Québec reflètent parfois une lumière crayeuse. C'est pourquoi le poète Gaston Miron nous ouvre les yeux sur l'arrière-scène de ce gris et dur :

> « Je sais qu'elle y est
> la lumière au recto des murs
> elle travaille pour nous »

Les pierres du Vieux-Québec servent d'écrin aux âmes de nos ancêtres. Comme celles-ci, elles sont solides. Et dures, **elles durent**. Elles sont notre passé et notre avenir.

Claude Cossette, citoyen

Table des matières

DE LORD DUFFERIN À NOS JOURS

CONCLUSION

Avant-propos

Une maison appartient à son propriétaire,
mais sa façade est à tout le monde.

Victor Hugo

Vue aérienne de l'arrondissement
historique du Vieux-Québec

▶ La ville se reconstruit sur elle-même, elle génère en permanence sa propre transformation. Cette transformation n'est pas seulement liée au bâti mais à tout un ensemble de contraintes qui obligent la ville à s'adapter à chacune des étapes de son évolution.

Le charme de l'arrondissement historique du Vieux-Québec tient autant dans ses façades que dans ses parcours sinueux, ses escaliers « casse-cou », ses places ombragées, ses carrefours. Ce paysage urbain hérité du Régime français, transformé sous le Régime anglais et par la Modernité mérite qu'on en refasse une lecture à la lumière des témoins qui subsistent aujourd'hui de son évolution depuis l'occupation amérindienne jusqu'à nos jours. C'est le but de cette publication.

Ce document est découpé en fonction des grands moments historiques qui ont marqué l'évolution de l'arrondissement historique du Vieux-Québec et qui y ont laissé des empreintes encore lisibles aujourd'hui. Le recueil photos qui suit le résumé de chaque période offre au lecteur un parcours mémoriel original, explicite ou symbolique, mais toujours bien vivant.

Dans les pages qui suivent nous verrons que la ville bouge et se transforme malgré tout et quelles que puissent être les mesures de protection. Le principe de sa conservation étant cependant admis, nous définirons la notion de conservation urbaine comme la gestion de la transformation permettant de continuer l'histoire.

ABRÉVIATIONS EMPLOYÉES DANS LE TEXTE

CBCQ : . . . . Commission des biens culturels du Québec

CCNQ : . . . . Commission de la capitale nationale du Québec

CCVQ : . . . . Comité des citoyens du Vieux-Québec

CCBNC : . . . . Commission des champs de bataille nationaux du Canada

CLMHC : . . . . Commission des lieux et monuments historiques du Canada

CMH : . . . . Commission des monuments historiques

CUC : . . . . Commission d'urbanisme et de conservation (Ville de Québec)

ICOMOS : . . . . International Council on Monuments and Sites
(Conseil international des monuments et des sites)

ISAQ : . . . . Inventaire des sites archéologiques du Québec

MCC : . . . . Ministère de la Culture et des Communications

MCCCF : . . . . Ministère de la Culture, des Communications
et de la Condition féminine

OVPM : . . . . Organisation des villes du patrimoine mondial

PANAC : . . . . Programme d'aide à l'assainissement des arrière-cours

PARSIA : . . . . Programme d'aide à la restauration des sites incendiés
ou abandonnés

PIBC : . . . . Politique d'intervention sur les biens culturels

SIQ : . . . . Société immobilière du Québec

SODEC : . . . . Société de développement des entreprises culturelles

Unesco : . . . . United Nations Educational, Scientific and Cultural Organization
(Organisation des Nations Unies pour l'éducation, la science et
la culture)

Introduction

L'APPROCHE RETENUE ▶ L'analyse de l'évolution du territoire de l'arrondissement historique du Vieux-Québec tient compte à la fois de ses dimensions matérielles et des valeurs qui ont été attachées à sa conservation. Rappelons que c'est à la suite des débats publics sur la préservation du Vieux-Québec et sur la restauration de la place Royale qu'est créé ce premier arrondissement historique. Cette mesure aura un effet structurant sur l'approche globale de la question patrimoniale, car les enjeux associés à la mutation du cadre bâti du Vieux-Québec ont eu une résonance nationale et même internationale.

Plus encore, la dimension mémorielle s'inscrit directement dans le paysage urbain de l'arrondissement historique. Cela est marqué par une rupture dans la façon dont le Vieux-Québec est conçu et aménagé, changement qui survient à l'occasion du départ des troupes britanniques en 1871 et de l'arrivée, l'année suivante, de Frederick Temple Blackwood, Lord Dufferin, gouverneur général du Canada. Alors que l'économie de Québec périclite, conséquence de l'arrêt du commerce du bois et du déclin de la construction navale, l'élite se lance dans un vaste programme de transformation du cadre urbain, les *Quebec Improvements*, pour faire face à la nouvelle situation. De pair avec les aménagements réalisés dans ce cadre, dont la construction de l'hôtel du Parlement et du bassin Louise, la préservation historique devient une préoccupation partagée au sein de l'élite, notamment en ce qui a trait aux fortifications et aux aménagements proposés par Lord Dufferin.

À partir de ce moment, la dimension mémorielle guide de manière de plus en plus soutenue les interventions : des places sont aménagées, des monuments sont érigés, des styles architecturaux s'affirment; on restaure des bâtiments, on installe des plaques commémoratives; musées et lieux d'interprétation se multiplient. Bien sûr, chaque génération y apporte sa touche particulière, mais la mémoire s'impose en trame de fond à la fabrication du paysage urbain de l'arrondissement historique du Vieux-Québec.

LE TERRITOIRE VISÉ

Le secteur protégé qui est à l'étude est situé dans l'arrondissement de la Cité de la Ville de Québec[1] . Il comprend deux territoires distincts qui regroupent quatre quartiers de la ville, soit le Vieux-Québec – Haute-Ville, le Vieux-Québec – Basse-Ville, une partie importante du Cap-Blanc et une portion plus réduite du quartier Saint-Roch.

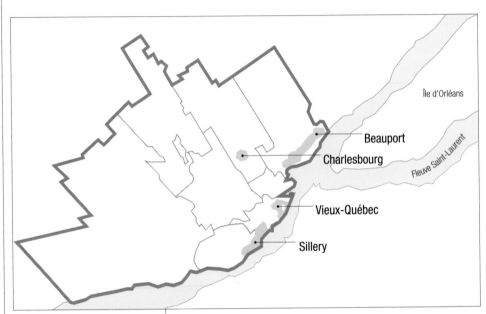

Les arrondissements historiques de la ville de Québec

Les lignes de subdivision
sont approximatives

---

1.   Les expressions « arrondissement historique » et « territoire ou secteur protégé » font référence dans le présent rapport à l'arrondissement historique du Vieux-Québec. Rappelons que, à la suite des fusions municipales de janvier 2002, la nouvelle ville de Québec compte sur son territoire trois autres arrondissements historiques, soit ceux de Sillery, Beauport et Charlesbourg.

Le cadre physique

L'ensemble protégé comprend deux territoires[2] . La partie haute de l'arrondissement historique englobe le cap Diamant, un promontoire situé à l'est de la colline de Québec, qui s'étend sur une largeur de moins de 1 600 m et s'élève à une hauteur maximale d'environ 101 m. On y trouve aujourd'hui plusieurs îlots résidentiels et une forte concentration de bâtiments institutionnels, le tout ceint d'imposantes fortifications.

Le territoire protégé comprend également la partie basse de l'arrondissement, sise entre la falaise, la rivière Saint-Charles et le fleuve Saint-Laurent. L'espace habité se situe sur des terrasses s'élevant à environ 6 m d'altitude. Des terrasses intermédiaires de 15 à 45 m de hauteur découpent les versants nord et nord-est, tandis que sur la face sud du promontoire, on constate une quasi-absence de terrasses intermédiaires. L'espace tel qu'on le connaît aujourd'hui est le résultat d'une série d'empiètements sur le fleuve, triplant la surface constructible d'origine. La basse-ville est complètement urbanisée et son cadre bâti témoigne des fonctions portuaire et commerciale qu'il a connues. Entre ces deux territoires distincts, la falaise constitue une frontière naturelle qui fait de la haute-ville de Québec une forteresse naturelle qui domine le paysage avec force.

L'accès à la partie haute est facilité par des voies naturelles qui épousent la topographie, soit les côtes de la Montagne, de la Canoterie et du Palais, les deux dernières étant situées dans le même secteur. À ces passages s'ajoute la côte d'Abraham, située plus à l'ouest et reliant la haute-ville et le quartier Saint-Roch. Ces axes constituent des éléments structurants dans le développement du territoire et dans le paysage urbain. Ils favorisent la communication entre les deux parties de l'établissement premier, la haute et la basse-ville, et donnent accès aux quartiers environnants.

L'arrondissement est bordé par d'importantes voies d'eau. Au sud, le fleuve Saint-Laurent est d'accès aisé compte tenu de la faible largeur de la terrasse installée entre celui-ci et la colline de Québec. Facile d'accostage, la terrasse permet d'entrer en relation, par le fleuve, avec le reste du monde. Au nord et au nord-est, la rivière Saint-Charles borne la partie basse à une distance plus importante. Son faible courant et l'envasement des lieux en font toutefois un site moins accueillant pour les premiers arrivants. Depuis ce temps ancien, les rives ont fait l'objet d'aménagement, modifiant profondément l'espace.

Les caractéristiques du territoire permettent de dégager quatre traits spécifiques qui marqueront l'évolution du Vieux-Québec :

---

2.   Considérant les différences historiques entre ces deux espaces, ils sont traités distinctement dans le présent rapport.

— un développement parallèle, mais différencié des deux parties de la ville, lié à des facteurs topographiques;

— une présence marquante du fleuve et de la rivière Saint-Charles, qui encerclent le promontoire sur trois faces. Cette présence est aussi structurante, car le développement même de Québec et de son arrondissement historique est associé à ces voies de communication maritimes;

— le caractère structurant des voies d'accès à la partie haute de la ville. Ces axes deviendront – et demeureront – des artères qui nourriront l'ensemble de l'arrondissement historique;

— le rôle déterminant de la falaise.

Le cadre légal

L'arrondissement historique du Vieux-Québec, défini par l'arrêté en conseil (n° 1928) intitulé « Concernant la déclaration d'un arrondissement historique au Québec », est créé le 6 novembre 1963 par la Chambre du Conseil exécutif. Bien que le document ne précise aucun motif particulier, il détermine les limites de l'arrondissement historique. Quelques mois plus tard, soit le 6 mai 1964, un second arrêté en conseil (n° 902) est adopté pour étendre les limites de l'arrondissement historique. On y précise que l'élargissement doit protéger plus précisément :

— le secteur du Palais;

— la cime du cap aux Diamants, du côté de la rivière Saint-Charles;

— les murs d'enceinte du sud et du sud-ouest;

— une zone tampon au nord, à l'ouest et au sud.

Le 2 décembre 1985, l'arrondissement historique du Vieux-Québec est inscrit sur la Liste du patrimoine mondial de l'Unesco. C'est l'un des deux secteurs historiques urbains – avec Lunenburg, en Nouvelle-Écosse – qui bénéficient de cette reconnaissance au Canada.

Depuis, l'arrondissement historique n'a pas connu de modifications de son aire, bien que des discussions soient survenues au cours des années 1980, sur une révision éventuelle de certaines incohérences et, plus récemment (2002-2003), sur la possibilité d'élargir le territoire inscrit sur la Liste du patrimoine mondial en y intégrant une partie du Vieux-Port.

De fait, le territoire tel qu'il est défini par les arrêtés en conseil de 1963 et 1964 ne comprend qu'une partie du tissu urbain ancien. En effet, l'arrondissement historique du Vieux-Québec est au cœur d'un réseau d'ensembles historiques qui l'encadrent et le relient à la ville. Il s'agit notamment :

— des plaines d'Abraham, dont la préservation a fait l'objet d'une loi spécifique (1908), et qui sont actuellement sous la juridiction de la Commission des champs de bataille nationaux du Canada (CCBNC);

— de l'hôtel du Parlement, déclaré site historique national en 1985, et de la colline Parlementaire;

— des quartiers Saint-Jean-Baptiste et Saint-Roch;

— du Vieux-Port, qui comprend le bassin Louise et le secteur historique de la Pointe-à-Carcy.

En conséquence, la présente étude déborde le cadre strict de l'arrondissement historique actuel pour englober certains secteurs périphériques qui ont évolué de concert avec le territoire délimité par le statut juridique.

Le cadre bâti

L'arrondissement historique du Vieux-Québec couvre le territoire sur lequel le premier établissement francophone permanent en Amérique a été établi. Il s'étend sur une zone de 135 ha. Selon les données du recensement de 2001, l'arrondissement historique compte 4 937 résidents : 3 218 d'entre eux habitent la haute-ville et 1 719, la basse-ville. Il comprend d'importantes richesses historiques, patrimoniales et archéologiques.

Selon un relevé effectué par la Ville de Québec en 1988, l'arrondissement historique compte environ 1 000 bâtiments civils et religieux, qui se répartissent ainsi :

| | | TOTAL | ÉPOQUES DE CONSTRUCTION | | | |
			1600-1700	1700-1800	1800-1850	après 1850
HAUTE-VILLE	nombre	700	14	63	301	322
	%	100	2	9	43	46
BASSE-VILLE	nombre	300	6	24	66	204
	%	100	2	8	22	68
TOTAL	nombre	1 000	20	87	367	526
	%	100	2	8,7	36,7	52,6

Il s'agit d'un patrimoine architectural imposant et diversifié inégalement réparti. Sur l'ensemble des bâtiments datant d'avant 1850, on en compte 378 à la haute-ville et 96 à la basse-ville. Ces données témoignent à la fois des profondes mutations survenues à la basse-ville et de l'apport du cadre bâti au caractère particulier de la partie haute de l'arrondissement. Par ailleurs, comme le mentionne Noppen (1990 : 91), outre le grand nombre d'édifices érigés aux XIXe et XXe siècles, soit 89,3 p. 100, la plupart de ceux qui ont été construits au cours des siècles précédents ont été profondément transformés. En conséquence, plus de 90 p. 100 du cadre bâti de l'arrondissement historique témoigne des deux siècles derniers.

Le patrimoine du territoire protégé est également imposant par le nombre de bâtiments ou de lieux dont on a reconnu l'importance. En effet, on y trouve 51 bâtiments ou ensembles protégés en vertu de la *Loi sur les biens culturels*. Outre les bâtiments protégés, il faut compter également les nombreuses propriétés des divers paliers de l'État.

On y trouve concentrés de nombreux bâtiments institutionnels. Par exemple, en ce qui a trait au patrimoine religieux ou associé aux institutions religieuses, on y dénombre 9 églises, 12 chapelles et oratoires, 3 cimetières, 6 monuments et 11 mémoriaux.

Une aussi grande concentration de patrimoine institutionnel témoigne des fonctions importantes qu'a joué l'arrondissement comme capitale politique, religieuse et culturelle du Québec. Ces traces en surface se prolongent également sous terre. En effet, l'arrondissement historique a été le lieu d'une recherche archéologique d'importance : au total, 470 sites ont fait l'objet de 1 668 interventions, allant de la surveillance à la fouille systématique. Ces travaux concernent les diverses époques de l'évolution des lieux. Selon un relevé de l'Inventaire des sites archéologiques du Québec (ISAQ)[3], les travaux sur les sites des différentes époques et contextes culturels se répartissent ainsi[4] :

ÉPOQUES	NOMBRE D'INTERVENTIONS
Amérindienne préhistorique	172
Amérindienne historique	42
Euroquébécoise (sans précision)	114
Euroquébécoise (1534-1759)	1 099
Euroquébécoise (1760-1799)	1 268
Euroquébécoise (1800-1899)	1 456
Euroquébécoise (1900-1950)	1 245

---

3. Extraction de la base de données au 8 décembre 2004.

4. Le total ne correspond pas à 470, considérant qu'une fouille peut toucher différentes couches ou de multiples contextes culturels.

L'arrondissement historique comprend un grand nombre de sites archéologiques. Il est à constater que si seulement 9,7 p. 100 des bâtiments localisés dans l'arrondissement ont été construits avant 1800, 45 p. 100 des interventions archéologiques concernent l'occupation euroquébécoise entre 1534 et 1799. De plus, la complexité et la richesse des vestiges archéologiques mis au jour témoignent des couches d'occupation historique successives.

Le cadre bâti est également marqué par son usage comme lieu de mémoire. Ainsi, on y compte de nombreuses plaques commémoratives, mises en place par les autorités fédérale, provinciale et municipale. Par exemple, on dénombre dans l'arrondissement environ 60 des 69 désignations de lieux, de personnages ou d'événements commémorés par la Commission des lieux et monuments historiques du Canada (CLMHC) à Québec. De plus, le paysage urbain est ponctué d'un nombre imposant de statues et de monuments commémoratifs, souvent placés dans des lieux et des places stratégiques. Soulignons également que cette mémoire est aussi diffusée par au moins 19 sites, musées et centres d'interprétation, dont 6 lieux historiques nationaux gérés par Parcs Canada, qui présentent une ou plusieurs facettes du patrimoine de l'arrondissement. Outre ces infrastructures, on trouve également nombre de panneaux d'interprétation.

Les constats suivants se dégagent donc de notre examen :

— Globalement, le cadre bâti de l'arrondissement témoigne surtout des XIXe et XXe siècles.

— La dimension mémorielle ou symbolique joue un rôle remarquable dans l'ensemble de l'arrondissement historique, que ce soit par les biens protégés ou mis en valeur ou encore par les traces mémorielles qui s'y superposent (plaques commémoratives, monuments).

— Le patrimoine institutionnel (religieux, étatique, militaire) est important et reflète le rôle de capitale qu'a joué Québec tout au long de son histoire.

— La dimension archéologique est fondamentale. Plus encore, elle est davantage marquée à l'époque fondatrice de la Nouvelle-France.

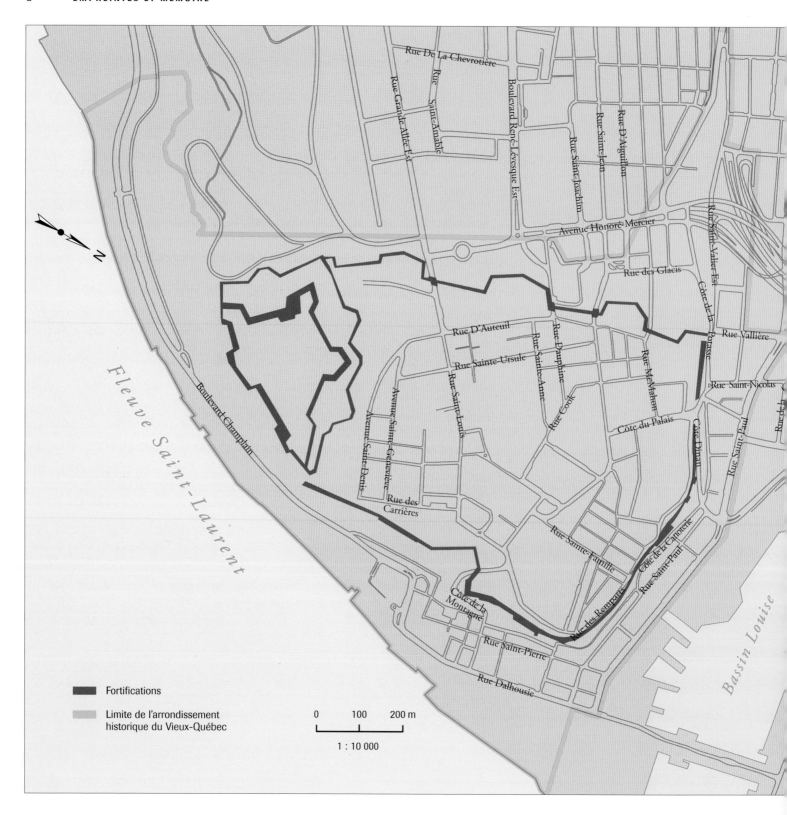

Fleuve Saint-Laurent

Bassin Louise

Boulevard Champlain

Rue De La Chevrotière

Rue Grande Allée Est

Rue Saint-Amable

Boulevard René-Lévesque Est

Rue Saint-Joachim

Rue Saint-Jean

Rue D'Aiguillon

Avenue Honoré-Mercier

Rue des Glacis

Rue Saint-Valier Est

Côte de la Potasse

Rue Vallière

Rue D'Auteuil

Rue Sainte-Ursule

Rue Sainte-Anne

Rue Dauphine

Rue Cook

Rue McMahon

Côte du Palais

Rue Saint-Nicolas

Côte Dinan

Rue Saint-Paul

Avenue Sainte-Geneviève

Avenue Sainte-Denis

Rue Saint-Louis

Rue des Carrières

Rue Sainte-Famille

Rue Sainte-Famille

Côte de la Canoterie

Rue Saint-Paul

Rue des Remparts

Côte de la Montagne

Rue Saint-Pierre

Rue Dalhousie

Fortifications

Limite de l'arrondissement
historique du Vieux-Québec

0   100   200 m

1 : 10 000

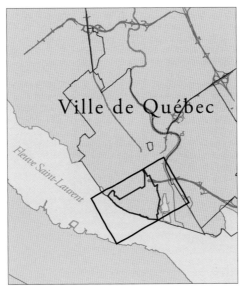

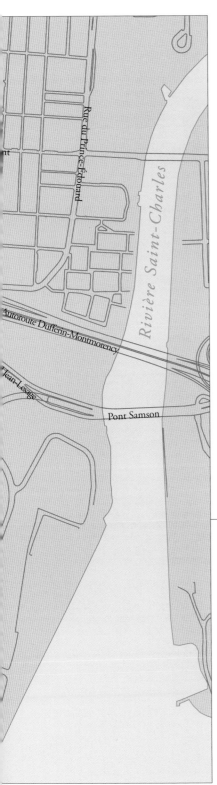

Limites de l'arrondissement historique
du Vieux-Québec

(La présentation visuelle a été modifiée afin de s'adapter à l'ouvrage).

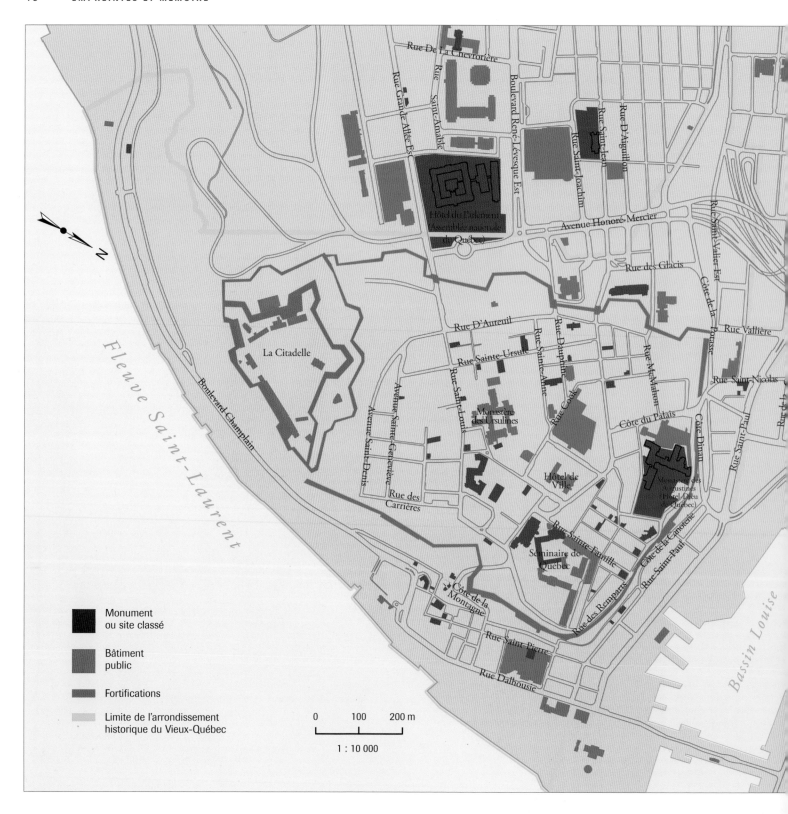

Rue De La Chevrotière
Rue Grande Allée Est
Rue Saint-Amable
Rue Saint-Joachim
Boulevard René-Lévesque Est
Rue Saint-Jean
Rue D'Aiguillon
Hôtel du Parlement
Assemblée nationale
du Québec
Avenue Honoré-Mercier
Rue des Glacis
Rue Saint-Vallier Est
Côte de la Potasse
Rue Vallière
La Citadelle
Boulevard Champlain
Rue D'Auteuil
Rue Sainte-Ursule
Rue Sainte-Anne
Rue Dauphine
Rue Saint-Louis
Rue McMahon
Rue Saint-Nicolas
Fleuve Saint-Laurent
Avenue Sainte-Geneviève
Avenue Sainte-Geneviève
Avenue Saint-Denis
Monastère
des Ursulines
Rue Cook
Côte du Palais
Côte Dinan
Hôtel de
Ville
Monastère des
Augustines
(Hôtel-Dieu
de Québec)
Rue des
Carrières
Rue Sainte-Famille
Côte de la Canoterie
Rue Saint-Paul
Séminaire de
Québec
Côte de la
Montagne
Rue Sainte-
Rue des Remparts
Rue Saint-Pierre
Bassin Louise
Rue Dalhousie

Monument
ou site classé

Bâtiment
public

Fortifications

Limite de l'arrondissement
historique du Vieux-Québec

0   100   200 m

1 : 10 000

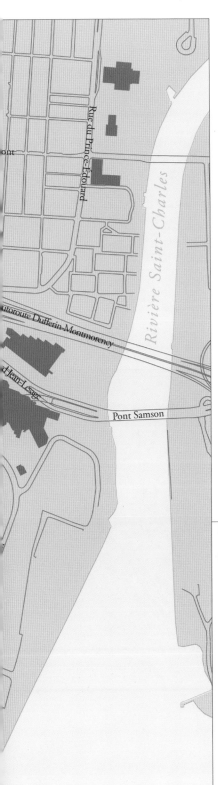

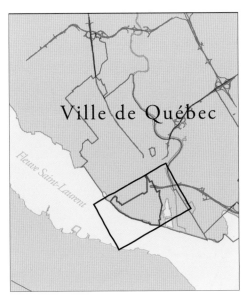

Monuments classés, sites classés et bâtiments publics

(La présentation visuelle a été modifiée afin de s'adapter à l'ouvrage).

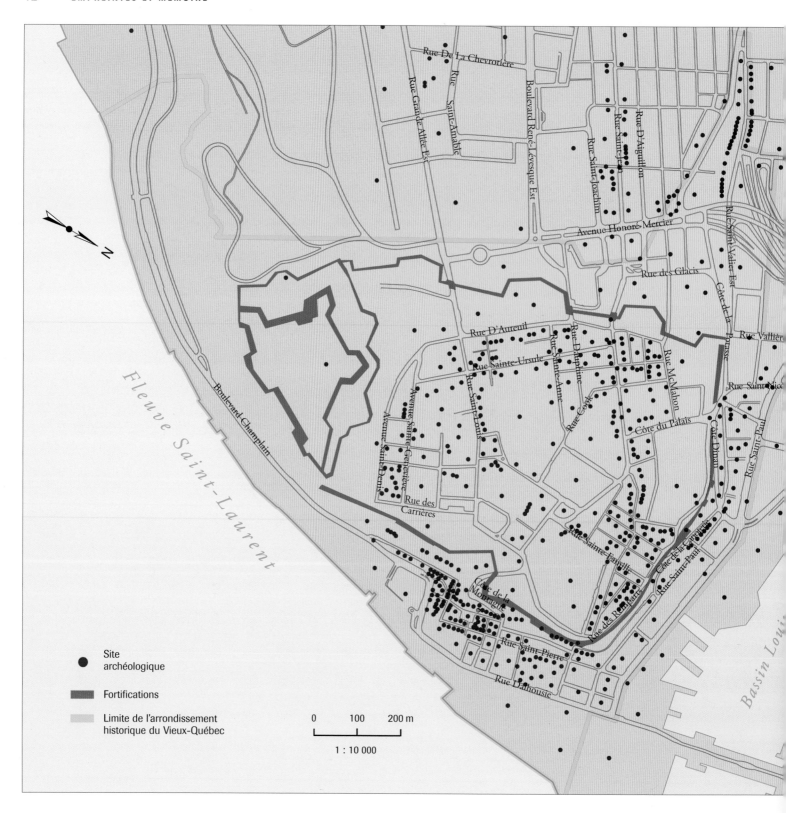

Site archéologique

Fortifications

Limite de l'arrondissement historique du Vieux-Québec

0   100   200 m

1 : 10 000

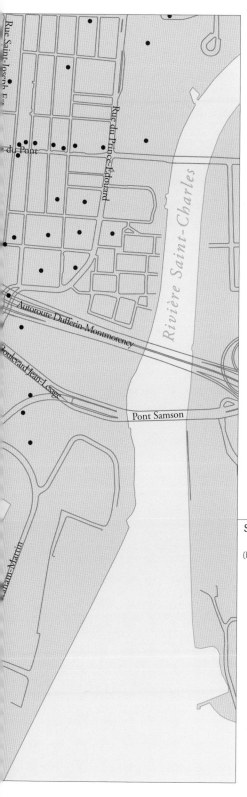

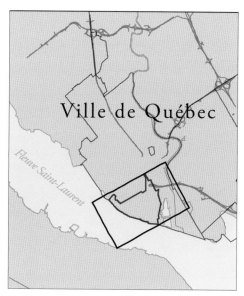

Sites archéologiques

(La présentation visuelle a été modifiée afin de s'adapter à l'ouvrage).

De l'occupation amérindienne jusqu'à 1871

Des premiers établissements amérindiens jusqu'au départ des troupes britanniques en 1871, élément clé dans l'histoire et l'aménagement de l'arrondissement historique, les fondements structurels de l'occupation du territoire sont jetés. La mise en place de la trame urbaine et des éléments structurants du paysage se déroule en trois temps :

— l'occupation initiale par les Amérindiens;

— la mise en place du cadre général sous la présence française;

— l'achèvement du cadre général sous la présence britannique.

L'occupation amérindienne

▶ Selon les découvertes faites sur différents sites archéologiques dans la région de Québec, les Amérindiens ont occupé le territoire de façon relativement continue depuis peut-être 9 000 ans.

Parmi les lieux qu'ils ont fréquentés, la pointe de Québec constitue alors un endroit de choix. Le site présente en effet des avantages : une entaille naturelle (côte de la Montagne) permet d'accéder au sommet de la falaise, où le terrain est cultivable et l'observatoire exceptionnel; on note la présence d'un havre naturel; la rivière Saint-Charles à proximité offre une ressource faunique non négligeable (sauvagine et poisson); et la paroi de la falaise offre la possibilité de s'approvisionner en matériaux, convenant aux besoins immédiats (Clermont, Chapdelaine et Guimont 1992 : 174).

Les fouilles archéologiques effectuées dans le secteur de la place Royale révèlent que les premières traces de présence amérindienne à la pointe de Québec datent de 1 000 ans avant notre ère. Les vestiges indiquent que ces Amérindiens vivent essentiellement de la pêche et de la chasse aux mammifères marins et qu'ils n'utilisent pas encore les cultigènes. Des objets trouvés sous la place Royale témoignent du passage régulier de différents groupes, pour des séjours saisonniers, au cours du millénaire suivant. Ce lieu très fréquenté, souvent visité, ne serait toutefois jamais devenu autre chose qu'un lieu de haltes plus ou moins brèves (Clermont, Chapdelaine et Guimont 1992 : 174). L'utilisation du site comme halte multi-fonctionnelle se poursuivra d'ailleurs tout au long de la période du sylvicole moyen ancien.

Après 1300, une population sédentaire, de la famille iroquoienne, pratique l'agriculture dans la région de Québec. L'emplacement actuel de la place Royale continue alors d'être utilisé, essentiellement pour les activités de pêche.

L'archéologie permet d'affirmer que la région de Québec a été occupée de façon continue par différents groupes de la période du sylvicole initial et terminal (-1000 au XVIe siècle) jusqu'à l'arrivée des premiers Européens dans l'estuaire de la rivière Saint-Charles (Ville de Québec 1987 : 26). Néanmoins, la superficie fouillée reste modeste et renseigne peu sur l'occupation des hauteurs de la ville (Clermont, Chapdelaine et Guimont 1992 : 173).

EMPREINTES QUI SUBSISTENT DE L'OCCUPATION AMÉRINDIENNE

BASSE-VILLE
TRAME URBAINE

Pointes de projectile à pédoncule provenant de la deuxième « abitation »
de Champlain et datant de 2400 à 450 avant aujourd'hui.
Collection de référence de Place-Royale (MCCCF)

Pointe de projectile en rhyolite provenant
du mont Kineo (Maine) et datant
d'environ 1000 à 400 ans avant
aujourd'hui, trouvée à la place Royale
Collection du Musée de la civilisation, Québec

Grattoirs provenant de la deuxième
« abitation » de Champlain et datant
de 2400 à 450 avant aujourd'hui

Collection de référence de Place Royale (MCCCF)

À gauche et au centre : pierres à cupule et à droite :
meule à main ou percuteur provenant
de la deuxième « abitation » de Champlain et
datant de 2400 à 450 avant aujourd'hui

Collection de référence de Place-Royale (MCCCF)

Le Régime français,
de 1534 à 1759

▶ La période du Régime français débute avec l'arrivée de Jacques Cartier en 1534, qui hiverne sur les rives de la rivière Saint-Charles. Cartier revient en 1541-1543 pour s'établir près de la rivière Cap-Rouge. Ce n'est qu'avec l'arrivée de Samuel de Champlain, qui fonde Québec en 1608, que commence l'occupation du site de l'arrondissement historique du Vieux-Québec. De la fondation de la ville à la reddition aux mains des troupes anglaises en 1759, c'est ce premier établissement francophone permanent en Amérique du Nord qui structure le développement ultérieur du territoire.

D'ailleurs, les lieux subissent des transformations dès 1608, ce dont témoignent les traces historiques et archéologiques. Les mutations sont d'abord de nature spatiale, car, rapidement, l'occupation varie selon que l'on se situe à la haute-ville ou à la basse-ville. Elles se déploient aussi à travers le temps, sur quatre périodes précises :

— le comptoir (1608-1636);

— l'implantation urbaine (1636-1663);

— le développement d'une ville nouvelle (1663-1720);

— la canadianisation du paysage urbain (1720-1759).

L'*époque du comptoir*, 1608-1636

L'occupation euroquébécoise débute avec la construction de l'« abitation » de Champlain en 1608, bâtiment en bois de taille réduite. Jusqu'à la mort de Champlain en 1635, l'établissement est modeste et se résume pour l'essentiel à un poste commercial. En 1628, on y dénombre 76 résidents.

LA BASSE-VILLE

Ce noyau initial constitue le cœur même du développement de la basse-ville de Québec. À l'arrivée des Récollets en 1615, une résidence et une chapelle sont construites pour eux, puis quelques logements. Avec le temps, l'établissement prend un caractère plus permanent. En 1624, la seconde habitation de Champlain s'élève sur le site même de la première, mais cette fois avec des structures en pierre. L'édifice est flanqué de tourelles et disposé autour d'une tour carrée. D'autres résidences s'y rajoutent. Plus favorable à une occupation basée sur un plan orthogonal, la trame urbaine naissante s'y structure autour de l'habitation, donnant naissance aux premières infrastructures urbaines, soit quelques rues et un quai. L'espace urbanisé, plutôt réduit, se limite pour l'essentiel au pied de la côte de la Montagne.

LA HAUTE-VILLE

L'établissement d'origine se situe à proximité d'un accès naturel à la future haute-ville, la côte de la Montagne, qui devient rapidement un axe de relation marquant entre une haute-ville appelée à jouer un rôle davantage institutionnel et une basse-ville marchande et active. On y établit, sur une terrasse intermédiaire, le premier cimetière.

La haute-ville est d'abord occupée par Louis Hébert, à qui une concession a été accordée en 1617 et qui ambitionne de défricher le secteur. Son établissement, connu comme la ferme Couillard-Hébert, comprend une maison et d'autres installations. Par ailleurs, Champlain fait ériger en 1620 un premier fort Saint-Louis sur les hauteurs de Québec où il profite à la fois du caractère symbolique du lieu et de ses avantages topographiques pour la défense du poste de traite. Dès 1626, le fort est remplacé par des ouvrages plus imposants. Le site se trouve à l'extrémité nord de l'actuelle terrasse Dufferin.

En 1629, les frères Kirke prennent Québec pour le compte des Anglais; la ville revient à nouveau dans le giron français en 1632, comme suite au traité de Saint-Germain-en-Laye. En 1633, lorsque Champlain revient en Nouvelle-France, l'occupation des Kirke a été dévastatrice : tout est en ruine et doit être reconstruit. Les Jésuites, établis auparavant le long de la rivière Saint-Charles, s'installent à la haute-ville en 1633, non loin du fort Saint-Louis, dans le secteur situé entre les rues du Fort et du Trésor. Ils construisent leur résidence à proximité du site actuel de la cathédrale Notre-Dame. Par ailleurs, pour faire suite à un vœu qu'il aurait fait si la France recouvrait sa possession, Champlain leur fait construire en 1633 une chapelle en bois, Notre-Dame-de-Recouvrance. Incendiée en 1640 et reconstruite en 1647, la chapelle inaugure plus de trois siècles de présence religieuse dans cette partie de la haute-ville.

EMPREINTES QUI SUBSISTENT DE LA PÉRIODE DE **1534 À 1636**

BASSE-VILLE
SITE ET VESTIGES ARCHÉOLOGIQUES

Marquage au sol de la seconde « abitation »
de Champlain (1624) sur la place Royale

EMPREINTES QUI SUBSISTENT DE LA PÉRIODE DE 1534 À 1636

BASSE-VILLE
TRAME URBAINE

Rue Notre-Dame, reliant la place Royale
à la côte de la Montagne

Rue Sous-le-Fort, vers le funiculaire

Place Royale, vue aérienne

Place Royale, depuis
la rue Notre-Dame

Ruelle de la Place,
vers l'ancienne ligne
de rivage longeant
l'actuelle place de Paris

Ancienne ligne de rivage parallèle
à la rue Saint-Pierre

Ancien havre pour les barques, remblayé en 1854,
situé au bout de la rue du Cul-de-Sac

EMPREINTES QUI SUBSISTENT DE LA PÉRIODE DE 1534 À 1636

HAUTE-VILLE
SITES ET VESTIGES ARCHÉOLOGIQUES

Premier cimetière,
côte de la Montagne

Marquage au sol de la maison
de Guillaume Couillard, dans
la cour intérieure du Séminaire
de Québec

EMPREINTES QUI SUBSISTENT DE LA PÉRIODE DE 1534 À 1636

HAUTE-VILLE
TRAME URBAINE

Rue Sainte-Anne,
entre la place d'Armes
et la rue des Jardins

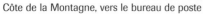

Côte de la Montagne, vers le bureau de poste

Tracé d'un ancien sentier
à l'origine de la côte
de la Canoterie

Cours d'un ancien ruisseau
correspondant à l'axe des
rues du Parloir, Donnacona,
des Jardins et côte de
la Fabrique

L'implantation urbaine, 1608-1636

Avec l'arrivée du premier gouverneur et lieutenant général de la Nouvelle-France de 1636 à 1648, Charles Huault de Montmagny, le plan d'occupation du territoire de ce qui deviendra le Vieux-Québec prend forme. Tenant compte des caractéristiques naturelles et des établissements préexistants, Montmagny, qui « vient [à Québec] dans le but d'en faire une ville et s'intéresse rapidement à la planification d'un développement urbain harmonieux » adopte deux plans distincts : des fonctions résidentielles et commerciales à la basse-ville, des fonctions institutionnelles et résidentielles à la haute-ville.

LA BASSE-VILLE

À la basse-ville, où l'espace est exigu, le développement urbain suit un plan en damier, qui résulte davantage de la topographie que d'une réflexion urbanistique. En vertu de ce plan, les rues, tracées à angle droit, sont disposées autour d'une place centrale. En 1640, quelques habitations se déploient de part et d'autre de la place et des rues avoisinantes. L'espace habité se développe de cette façon au pied de la côte de la Montagne, le long des rues Notre-Dame, Sous-le-Fort et du Sault-au-Matelot. En même temps s'ouvrent les rues Saint-Pierre et Petit-Champlain. On assiste alors à un important lotissement de terrains : entre 1655 et 1658, 79 p. 100 de la basse-ville est divisée en lots à bâtir. En 1663, on y compte près de 70 habitations. Le quartier abrite la majeure partie de la population tout en devenant le principal lieu de commerce : en 1660, la plupart des bâtiments déjà construits logent au rez-de-chaussée une boutique ou un magasin.

LA HAUTE-VILLE

Grâce à Montmagny, la haute-ville développe sa fonction institutionnelle et son territoire de manière distincte. C'est à partir de 1637 que débute le lotissement, alors que de grandes concessions sont attribuées aux Jésuites et aux Ursulines. Cependant, l'implantation au sol est irrégulière et non conforme à un aménagement urbain harmonieux. En 1638, Montmagny impose un nouveau plan d'ensemble radioconcentrique, qui délimite la zone d'occupation et prescrit la réduction des grandes concessions. Afin d'exercer le pouvoir royal tout en tenant compte des caractéristiques topographiques, Montmagny fait ouvrir et converger les rues Saint-Louis et Sainte-Anne vers la place d'Armes, et vers le château Saint-Louis. En 1640, on érige le bâtiment de la Sénéchaussée tout près du château Saint-Louis dont on double les dimensions, lors de sa reconstruction en pierre en 1648.

Quatre communautés religieuses vont participer à la structuration du territoire, soit les Jésuites, les Ursulines, les Augustines et les Récollets.

Les Jésuites, présents depuis 1633, agrandissent leur concession dès 1637 et à quelques reprises par la suite grâce à de nouvelles acquisitions. Vers 1647, leur propriété abrite un collège et une résidence, puis une fortification et un moulin.

Les Ursulines obtiennent une importante concession de 12 arpents en 1637. Quatre ans plus tard, elles construisent un monastère en pierre de trois étages. Agrandi en 1644, puis complètement détruit en 1650, il est reconstruit l'année suivante. L'ensemble clôturé de pieux comprend une chapelle intérieure, des jardins et une ferme. S'y ajouteront une chapelle extérieure et une résidence.

La communauté des Augustines se fait concéder un vaste terrain un peu à l'écart du fort Saint-Louis. En 1646, on y trouve une salle et, à partir de 1654, l'hôpital et la résidence des religieuses auxquels s'ajoute une chapelle en pierre.

À la même époque (1647), l'église Notre-Dame-de-la-Paix, construite en pierre sur l'emplacement actuel de la cathédrale Notre-Dame, remplace la chapelle de bois incendiée en 1640.

En 1692, les Récollets construisent un deuxième couvent sur le site de l'actuelle place d'Armes. Rappelons que leur premier établissement conventuel avait été érigé en 1620 sur une terre située près de la rivière Saint-Charles.

Ailleurs à la haute-ville, la fonction résidentielle se développe quelque peu, principalement dans les espaces libres entre les propriétés institutionnelles, notamment du côté de la rue Saint-Louis. De même, un noyau d'habitations se développe à l'ouest du second axe naturel de communication avec la basse-ville, qui deviendra la côte du Palais. Quant à la ferme des Couillard-Hébert, elle est toujours présente à cette époque, mais elle se trouve coincée entre les grands domaines. La structure urbaine de la haute-ville se met en place, sous la triple dynamique de la topographie, de la mise en valeur d'un centre de pouvoir et des concessions aux communautés religieuses. Ce sont les limites des grands domaines religieux qui vont définir les principaux axes de communication actuels, principalement les rues Saint-Louis, Sainte-Anne, Saint-Jean, De Buade et la côte de la Fabrique.

EMPREINTES QUI SUBSISTENT DE LA PÉRIODE DE 1636 À 1663

BASSE-VILLE
SITES ET VESTIGES ARCHÉOLOGIQUES

Maison Aubert de la Chesnaye,
au coin de la rue du Sault-au-Matelot
et de la côte de la Montagne

Voûtes de la maison Smith
intégrées au Centre d'interprétation
de place Royale

BASSE-VILLE
TRAME URBAINE

Rue Sous-le-Fort, de la rue Saint-Pierre
à la rue du Petit-Champlain

Rue du Sault-au-Matelot,
de la rue Saint-Paul à
la côte de la Montagne

Escalier de la basse-ville, aujourd'hui appelé Casse-Cou,
reliant la rue du Petit-Champlain à la côte de la Montagne

Rue Notre-Dame, de la côte
de la Montagne vers le sud

EMPREINTES QUI SUBSISTENT DE LA PÉRIODE DE 1636 À 1663
HAUTE-VILLE
SITES ET VESTIGES ARCHÉOLOGIQUES

Jardin des Gouverneurs,
depuis la rue des Carrières

Vestiges du château
Saint-Louis, sous la
terrasse Dufferin

EMPREINTES QUI SUBSISTENT DE LA PÉRIODE DE 1636 À 1663
HAUTE-VILLE
TRAME URBAINE

Rue Sainte-Anne,
vers la rue D'Auteuil

Place d'Armes, depuis l'angle des rues du Fort et Sainte-Anne

Rue Saint-Louis, vers la porte
du même nom

Axe des rues De Buade,
côte de la Fabrique et Saint-Jean

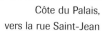

Côte du Palais,
vers la rue Saint-Jean

EMPREINTES QUI SUBSISTENT DE LA PÉRIODE DE 1636 À 1663

BASSE-VILLE
ENSEMBLES URBAINS

Entrée principale
du monastère des Ursulines,
rue Donnacona

Jardin du monastère des Ursulines,
depuis la rue Sainte-Ursule, montrant
notamment dans l'angle au fond à droite
une partie de l'aile Saint-Augustin, la
plus ancienne de l'ensemble conventuel,
construite en 1651

Monastère des Ursulines, vue aérienne

Monastère des Augustines,
vue aérienne

Chapelle du monastère
des Augustines,
rue Charlevoix

Le développement d'une ville nouvelle, 1663-1720

À partir de 1663, la colonie devient une partie du domaine royal, faisant de Québec la capitale politique et religieuse de la Nouvelle-France. Servant à la fois de capitale, de porte d'entrée et de carrefour d'un empire en Amérique du Nord, la bourgade prend de l'importance. En 25 ans, la population va quadrupler pour atteindre un peu plus de 2 000 résidents en 1720. À ce nombre, il convient d'ajouter la population en transit de soldats, marins et marchands. Pour faire face à cette croissance, les autorités mettent en place des structures de gestion de la vie urbaine, notamment le grand voyer qui régularise le tracé des rues et des places et réglemente le développement urbain. L'expansion du terri-toire se traduit par un rééquilibrage entre les deux parties de l'arrondissement : en 1690, on compte approximativement 108 maisons à la basse-ville contre 105 à la haute-ville. En effet, compte tenu de l'exiguïté de la partie basse, la pression urbaine se manifeste de manière plus sentie à la haute-ville.

Cette période est également marquée par d'importants travaux liés aux fortifications, qui traduisent le rôle stratégique du bourg dans les enjeux des conflits coloniaux. Élément structurant qui conditionne tout le développement de l'arrondissement historique, les forti-fications sont édifiées de manière pratiquement continue depuis l'érection de la première palissade en 1690 jusqu'à l'achèvement de la citadelle en 1832. De 1690 à 1720, cinq lignes défensives sont successivement mises en place. En 1720, alors que s'ouvre une période de paix, les travaux concernant les fortifications entrent en dormance pour 25 ans.

Globalement, les fortifications freinent l'expansion de la haute-ville vers l'ouest, tout en donnant à l'ensemble un caractère unique en Amérique. Par ailleurs, les infrastructures militaires associées aux défenses de la ville marquent en quelque sorte l'extension maximale envisagée à différentes époques, tout en ponctuant la ville de vestiges associés à ces sys-tèmes. Bien qu'ils participent d'un même ensemble, les traces de ces éléments de défense se différencient selon le secteur de la ville : présents et structurants aujourd'hui encore dans la haute-ville, ils ont disparu pour la plupart de la basse-ville, dotée à l'origine d'équipements défensifs plus limités.

LA BASSE-VILLE

Au XVIIe siècle, la basse-ville, essentiellement résidentielle, connaît une expansion considé-rable, créant un noyau urbanisé de rues dont le centre demeure le pied de la côte de la Montagne. En 1682, un incendie détruit presque l'ensemble du quartier, soit 55 bâtiments sur 85. La reconstruction effectuée rapidement permet de rectifier le tracé des rues et de réaménager la place du Marché, qui devient la place Royale en 1686 après l'installation d'un buste de Louis XIV. On y trouve dès 1688 l'église de l'Enfant-Jésus, rebaptisée Notre-Dame-des-Victoires en 1711.

Pour répondre à la demande croissante de résidences et de commerces, des plans sont dressés en 1683. On prévoit augmenter la surface constructible grâce au remblayage des rives. Ces grands projets ne seront pas réalisés immédiatement. Cependant, la basse-ville s'étend tout de même vers le nord, avec l'extension de la rue du Sault-au-Matelot, et vers le sud avec le prolongement de la rue du Petit-Champlain.

Des quais particuliers apparaissent du côté est de la rue Saint-Pierre. Pour en assurer la défense, on érige en 1684 une batterie à l'extrémité de la rue Sous-le-Fort, qui est remplacée en 1691 par la batterie royale et complétée en 1707 par la batterie Dauphine le long de l'actuelle rue Saint-Antoine.

On cherche toujours à gagner de l'espace sur le fleuve. En 1707, une ordonnance de Jacques Raudot, intendant de 1705 à 1711, oblige les propriétaires riverains à combler les battures sur leurs propriétés en construisant des murs de protection contre l'érosion.

L'expansion est doublée d'une ségrégation sociale importante : les ouvriers habitent des maisons en bois, situées sur les rues du Petit-Champlain et du Sault-au-Matelot, alors que les marchands habitent des maisons en pierre, à la place Royale et rue Saint-Pierre.

Les travaux d'aménagement des berges sont toutefois loin de répondre aux besoins, malgré les plans envisagés. Il en résulte une restructuration du noyau central : les maisons, construites côte à côte, occupent l'ensemble des lots, tandis que les cours disparaissent et que le nombre d'étages augmente. Parallèlement, l'extension spatiale se poursuit au sud, vers la rue Champlain, créant la zone appelée « Près-de-Ville » et vers la rue Sous-le-Cap et la côte de la Canoterie, au nord.

Cette croissance se traduit également par l'établissement, au pied de la côte du Palais, d'un autre noyau urbanisé. Si Jean Talon, intendant de 1665 à 1668 et de 1670 à 1672, y établit sa brasserie et une fabrique de potasse en 1670, ce n'est toutefois qu'avec l'intendant De Meulles (de 1682 à 1686) que le secteur se développe réellement, avec la transformation, en 1688, de la brasserie en palais de l'Intendant. Cet établissement est aménagé à un carrefour entre les différents axes de communication qui relient la haute-ville à la basse-ville et à la périphérie, donnant ainsi accès à ce qui deviendra le quartier Saint-Roch et, par-delà la rivière Saint-Charles, aux battures de Beauport. Incendié en 1713, le palais de l'Intendant est reconstruit plus au nord en 1716, alors qu'un édifice abritant le magasin du Roi et des cachots est érigé sur les ruines du premier palais. Cela entraîne une extension de l'espace habité autour de ce pôle, alors que des maisons sont construites au pied de la côte du Palais, rue Saint-Nicolas; en 1685, on en compte déjà une dizaine. De plus, quelques bâtiments surgissent le long de la rue Saint-Vallier, là où se trouve l'entrée du palais de l'Intendant. Ouverte dès 1663, cette voie majeure relie la côte du Palais au site qui accueillera plus tard l'hôpital général. Les nouveaux bâtiments forment dès lors le noyau initial du faubourg Saint-Roch. La résidence de campagne du sieur de La Chesnaye y est située.

Par ailleurs, tout le secteur entourant le palais de l'Intendant est protégé par une palissade en bois construite en 1690, renforcée en 1693 et complétée par la porte Saint-Nicolas. Au siècle suivant, les travaux liés aux fortifications se concentreront davantage à la haute-ville.

LA HAUTE-VILLE

La haute-ville, dominée par les domaines conventuels, offre peu de possibilités de construire, les communautés religieuses étant plutôt réfractaires au lotissement. Néanmoins, de 70 bâtiments en 1670, on passe à 105 bâtiments quinze ans plus tard. Ceux-ci sont construits principalement le long de la rue Saint-Louis, de la côte de la Fabrique et de la rue Sainte-Anne.

Le paysage architectural institutionnel prend à cette époque un caractère achevé et complexe. Les témoins des pouvoirs royal et religieux dominent. On agrandit l'enceinte du château Saint-Louis en 1692, on y ajoute une poudrière et on reconstruit le corps de logis du gouverneur; le Séminaire construit l'aile Sainte-Famille en 1678. L'église paroissiale, érigée à côté du Séminaire en 1647, est élevée au rang de cathédrale, des travaux importants d'agrandissement y sont effectués de 1684 à 1697. Sur le terrain aujourd'hui occupé par le parc Montmorency, Mgr de Saint-Vallier, propriétaire du site depuis 1688, fait bâtir le palais épiscopal à partir de 1692. Les ensembles conventuels sont également l'objet de travaux importants chez les Ursulines (1686) et à l'Hôtel-Dieu (1695). D'autres travaux d'amélioration consacrent encore davantage la fonction institutionnelle de la haute-ville : les Ursulines allongent l'aile Sainte-Famille (actuellement aile de la Procure) en 1713 et construisent l'aile des Parloirs en 1717; les Jésuites agrandissent leur collège; l'élargissement de leur concession permet aux Récollets d'édifier monastère et église avant 1693. Ces édifices conventuels encadrent une cour qu'on retrouve aujourd'hui dans trois grands ensembles — le monastère des Ursulines, le monastère de l'Hôtel-Dieu et le Séminaire.

Parallèlement, les travaux liés aux fortifications marquent la haute-ville. Ils débutent en 1690, alors que le major Provost fait entourer la ville, tant haute que basse, d'une palissade renforcée de onze redoutes. Trois ans plus tard, suivant le tracé dessiné par Berthelot de Boiscourt, une enceinte de terre renforcée d'une palissade remplace celle qui avait été construite auparavant. Outre deux portes, l'enceinte comprend des bastions, des demi-bastions et des courtines, et elle est renforcée par deux redoutes, le cavalier du Moulin et la redoute du cap Diamant.

En 1701, sous la direction de Levasseur de Nérée, le système est complété par des travaux sur les hauteurs du cap Diamant. En 1712, un nouveau tracé, plus à l'ouest, est proposé par Beaucours. Il reste de ce tracé, qui demeura inachevé, la redoute Dauphine et la redoute Royale, cette dernière ayant été utilisée comme fondations pour le Morrin College.

Les infrastructures militaires restreignent l'étalement urbain. Elles bloquent le développement éventuel vers l'ouest et limitent les propriétés des communautés à la ligne défensive érigée en 1693. En 1710, elles occupent une large portion du territoire, soit plus du tiers de la superficie de la haute-ville.

Intra-muros, le lotissement se fait d'abord sur les terres des Couillard, à l'est de l'Hôtel-Dieu. Le secteur de la rue Saint-Jean et de la côte de la Fabrique est particulièrement touché : les rues Sainte-Famille, Garneau et Couillard se bordent d'habitations, alors que le côté nord de la rue Saint-Jean est complètement occupé. Le rôle de place forte détermine les formes urbaines de la ville : depuis 1702, c'est l'ingénieur militaire qui contrôle la création de rues et leur alignement, de même que le nombre de places publiques et leur emplacement.

À partir de la fin du XVIIe siècle, la croissance urbaine, devenue impossible à la basse-ville, se manifeste à la haute-ville. La pression devient de plus en plus importante pour lotir les grandes propriétés. Le morcellement du territoire favorise la construction d'habitations le long de la rue Saint-Louis et de la côte du Palais, sur les rues Desjardins, du Parloir et Donnacona, de même que sur les rues Sainte-Famille, Garneau et Couillard, à l'est de l'Hôtel-Dieu. L'intervention est toutefois caractérisée par un mode de lotissement orthogonal, imposé par les ingénieurs militaires, mode qui se superpose à l'implantation au sol déjà établie. Ainsi, la rencontre entre ces deux systèmes structurants se traduit par des lots de forme irrégulière, créant des pointes d'îlots où sont érigés des bâtiments eux aussi irréguliers, ce qui contribue à l'image particulière du Vieux-Québec. Par ailleurs, les premiers faubourgs, situés hors de l'enceinte, surgissent avec l'apparition de résidences le long des chemins Saint-Louis et Saint-Jean.

L'ANALYSE TYPOLOGIQUE DE
L'ARCHITECTURE DOMESTIQUE[5]

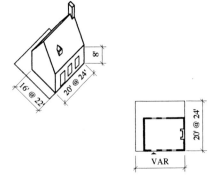

Source : Vallières (1999 : 86)

La maison d'implantation coloniale (1640)

Le type de la maison d'implantation coloniale surgit vers 1640, surtout à la basse-ville (Vallières, 1999). À cause de l'exiguïté des espaces disponibles à la basse-ville, la parcelle type forme un rectangle de 20 pi sur 24 pi français (soit 6,5 m sur 7,8 m). À la haute-ville, par contre, le parcellaire est beaucoup plus lâche, et les dimensions des lots varient considérablement.

Le bâti occupe une importante portion de la parcelle, rendant généralement impossible la construction de dépendances. La configuration du bâtiment est rectangulaire, le côté le plus long parallèle à la rue. De manière générale, plus la façade s'allonge sur la rue, plus la maison est profonde, la proportion entre les deux gabarits demeurant constante.

La maison d'implantation coloniale se présente sous deux formats. Le premier, plutôt modeste, mesure 20 pi sur 16 pi français (6,5 m sur 5,2 m) et comporte une seule pièce. Le second format est plus spacieux, mesurant 30 pi sur 20 pi français (9,7 m sur 6,5 m). Dans les deux cas, le bâtiment ne comprend qu'un seul étage relativement bas, et il est généralement recouvert d'un toit à deux versants.

Un seul bâtiment témoigne encore de ce type : il s'agit de la maison Jacquet (1675).

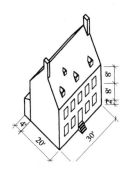

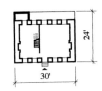

Source : Vallières (1999 : 92)

La maison d'implantation coloniale surhaussée (1682)

Après 1682, la maison de 30 pi français de façade sur 24 pi français (9,7 m par 7,8 m) de profondeur devient de plus en plus courante. Ce gabarit correspond au redoublement de la superficie au sol de la maison d'implantation coloniale et à une première compartimentation généralisée de l'espace domestique. L'autre modification majeure est l'ajout d'un étage où se déplace la fonction résidentielle, tandis que le rez-de-chaussée est dédié aux activités artisanales ou commerciales. Chaque étage, dont le dégagement est de 7 pi français (2,3 m) sous les poutres, comporte deux pièces. Le surhaussement de la maison commande la construction d'un escalier à l'extérieur, empiétant ainsi sur l'espace public. Devenu interdit, l'escalier est relocalisé au centre de la maison, contre la cloison qui divise les deux pièces.

Par ailleurs, l'augmentation des dimensions de la maison nécessite la construction d'un mur de refend au centre du bâtiment, parallèle aux murs pignons de manière à en réduire la portée. Il crée ainsi des pièces de configuration à peu près carrée (Vallières 1999 : 93-97).

La maison Fornel, reconstituée en 1962, présente bien les caractéristiques de ce type de résidence.

5.   Les données relatives à l'analyse typologique proviennent de l'étude d'Anne Vallières (1999).
      La mesure linéaire est en pieds français.

EMPREINTES QUI SUBSISTENT DE LA PÉRIODE DE **1663** À **1720**

BASSE-VILLE
SITES ET VESTIGES ARCHÉOLOGIQUES

Vestiges des maisons
Gaillard et Soulard,
dans le parc La Cetière

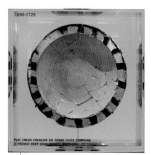

Artefact du
Régime français,
1690-1725,
collection de
l'Auberge
Saint-Antoine

Emplacement du premier
palais de l'Intendant entre les
rues Vallière et Saint-Nicolas

Emplacement
de la palissade
du major Provost
au parc de
l'Artillerie

Vestiges de la première batterie Dauphine,
érigée de 1707 à 1709, aujourd'hui intégrés
à l'Auberge Saint-Antoine

Vestiges de la fabrique
de potasse,
940, rue Saint-Vallier Est

EMPREINTES QUI SUBSISTENT DE LA PÉRIODE DE 1663 À 1720
BASSE-VILLE
TRAME URBAINE

Rue du Cul-de-Sac,
depuis la rue du Marché-Champlain

Rue du Petit-Champlain,
depuis la côte de la Montagne

Rue Saint-Vallier Est,
à l'ouest de l'échangeur
Dufferin

Ruelle de l'Ancien-Chantier
desservant autrefois le chantier
naval du Roi sis à l'emplacement
de l'actuelle place de la Gare

Côte de la Canoterie,
au pied de laquelle le
Séminaire a fait construire
un hangar à canots en 1685

Rue Saint-Nicolas,
depuis la rue Saint-Paul

EMPREINTES QUI SUBSISTENT DE LA PÉRIODE DE 1663 À 1720

BASSE-VILLE
ÉLÉMENTS DU CADRE BÂTI

Batterie royale aménagée en 1691
sur un éperon rocheux s'avançant
dans le Saint-Laurent

Vestiges du second palais de l'Intendant
érigé à partir de 1716 et détruit
par les Américains en 1775

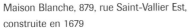

Maison Blanche, 879, rue Saint-Vallier Est,
construite en 1679

Batterie royale, vue vers le fleuve

Église Notre-Dame-des-Victoires,
à la place Royale, construite en 1688

EMPREINTES QUI SUBSISTENT DE LA PÉRIODE DE 1663 À 1720

HAUTE-VILLE
SITES ET VESTIGES ARCHÉOLOGIQUES

Emplacement du monastère des Récollets
sur le site actuel de la cathédrale anglicane
Holy Trinity

Emplacement du monastère
des Jésuites sur le site actuel
de l'hôtel de ville de Québec

Emplacement du château Saint-Louis
et de la batterie à l'ouest, sous la
terrasse Dufferin

Palais épiscopal érigé à compter de 1844, à
proximité du premier palais construit de 1693
à 1695 au sommet de la côte de la Montagne,
dans l'actuel parc Montmorency

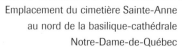

Emplacement du cimetière Sainte-Anne
au nord de la basilique-cathédrale
Notre-Dame-de-Québec

Emplacement du cimetière des picotés,
sous et à l'est de la rue Hamel

Cimetière des religieuses au bout du jardin de l'Hôtel-Dieu.
À gauche du mur, rue Hamel, se trouve l'emplacement
du cimetière des picotés; à droite de la photo,
rue Charlevoix, se trouve le cimetière des pauvres.

EMPREINTES QUI SUBSISTENT DE LA PÉRIODE DE 1663 À 1720

HAUTE-VILLE
TRAME URBAINE

Cavalier du Moulin aménagé au sommet
d'une colline appelée autrefois Mont-Carmel
accessible par la rue du même nom

Îlot irrégulier, né de la rencontre
de systèmes de lotissement
différents, occupé par la maison
Livernois au carrefour des rues
Saint-Jean, Couillard, Garneau
et côte de la Fabrique

EMPREINTES QUI SUBSISTENT DE LA PÉRIODE DE 1663 À 1720

HAUTE-VILLE
SECTEUR À L'EST DE L'HÔTEL-DIEU
TRAME URBAINE

Rue Couillard, de la rue Saint-Flavien
vers la rue Saint-Jean

Rue Sainte-Famille, depuis la rue des Remparts
vers la côte de la Fabrique

Rue Garneau, de la rue Sainte-Famille
vers la rue Saint-Jean

HAUTE-VILLE
SECTEUR AUTOUR DE LA RUE SAINT-LOUIS
TRAME URBAINE

Rue des Carrières depuis
le château Frontenac

Rue des Jardins
depuis la rue Sainte-Anne

Rue du Trésor
depuis la rue Sainte-Anne

Rue du Trésor
depuis la rue De Buade

EMPREINTES QUI SUBSISTENT DE LA PÉRIODE DE 1663 À 1720
HAUTE-VILLE
ENSEMBLE URBAIN

Séminaire de Québec, aile de la Procure construite de 1678 à 1681

EMPREINTES QUI SUBSISTENT DE LA PÉRIODE DE 1663 À 1720

HAUTE-VILLE
ÉLÉMENTS DU CADRE BÂTI

Redoute du Cap-Diamant,
construite en 1693 et intégrée
au bastion du Roi de la citadelle

Monastère des Ursulines,
aile des Parloirs construite
de 1715 à 1717

Redoute Dauphine,
dont les travaux entrepris en 1712
ne sont complétés qu'en 1749,
au parc de l'Artillerie

Maison François-Jacquet-dit-Langevin, 34, rue Saint-Louis, comprenant deux corps de logis, le plus ancien, en retrait de la voie publique, ayant été construit en 1675

Monastère des Augustines, aile du Jardin construite de 1695 à 1698

Cour intérieure d'un édifice conventuel, ici celle du Séminaire de Québec

Monastère des Augustines, plaque hommage aux fondatrices réalisée par Raoul Hunter et placée sur le mur extérieur du monastère, 66, rue des Remparts

La canadianisation du paysage urbain, 1720-1759

Non seulement la période de paix et de prospérité qui suit le traité d'Utrecht (1713) met-elle fin aux travaux sur les fortifications, mais encore permet-elle une croissance de la ville. Celle-ci ne sera ralentie qu'au milieu des années 1740, alors que reprennent, jusqu'à la victoire anglaise, les conflits coloniaux. Au cours de ces années, la population passe de 2 700 habitants en 1726 à environ 7 000 en 1759. La hausse de population se traduit par une extension de la ville et de ses faubourgs ainsi que par une densification de l'habitat dans ce qui est le Vieux-Québec d'aujourd'hui. Par ailleurs, la ségrégation spatiale se poursuit : les marchands se font construire des maisons en pierre à la place Royale et ses environs, les notables occupent la haute-ville, alors que les ouvriers et artisans s'installent dans les faubourgs, dans le secteur du palais de l'Intendant et ailleurs à la basse-ville.

De manière globale, trois éléments marquent le cadre bâti de cette époque :

— la réglementation des constructions;

— la relance des travaux liés aux fortifications en 1745;

— les dommages causés par le siège de 1759.

La réglementation des constructions

L'incendie de la basse-ville de Québec en 1682 et celui de Montréal en 1721 pressent l'adoption de mesures préventives. La même année, l'intendant Bégon publie une ordonnance visant une réglementation plus sévère de la construction. L'incendie du palais de l'Intendant en 1726 — la conflagration du quartier est évitée de peu — relance l'urgence d'agir. L'année suivante, l'intendant Dupuy détermine, dans une ordonnance, les normes de construction applicables au bâti en milieu urbain, en s'inspirant des corrections effectuées au palais de l'Intendant au moment de sa reconstruction en 1727. Ce dernier devient donc un « prototype » de l'habitation urbaine. L'ordonnance de 1727, qui reprend pratiquement celle de l'intendant Bégon, définit en effet les normes de construction de manière à réduire les risques d'incendie. Elle comprend des obligations : les constructions doivent être en pierre et d'au moins deux étages, bien que les bâtiments d'un étage soient tolérés sous condition que la maison comprenne soit des voûtes, soit un cellier; elles doivent avoir des toits à deux versants recouverts de fer-blanc, des murs coupe-feu pour séparer les constructions mitoyennes et des cheminées placées dans des cloisons de pierre ou isolées de toute menuiserie.

L'ordonnance dicte également des interdictions : les toits mansardés, les bardeaux de cèdre, les maisons de bois et les cages ou tours d'escaliers extérieures. Ce premier « code du bâtiment », qui définit le paysage urbain de la colonie, est élaboré en fonction des contraintes existantes dans le Vieux-Québec, ce qui confirme en somme le statut « définitoire » de l'arrondissement historique.

Enfin, cette ordonnance montre le passage de l'habitat de la sphère personnelle à celle de la société : les mesures de protection ne sont pas envisagées individuellement, mais collectivement et ont pour objet de protéger, par-delà la maison, l'ensemble.

La relance des travaux liés aux fortifications

Relancé en 1745, le chantier des fortifications mobilise d'importantes ressources financières de l'État afin de réaliser la nouvelle enceinte défensive selon les plans de Chaussegros de Léry. Poursuivis jusqu'en 1752, les travaux intègrent les opérations d'aménagement urbain, par la réorganisation du parcellaire et par la concession de lots.

Le siège de 1759

Enfin, la guerre entraîne de nombreuses démolitions, surtout à la basse-ville. Des centaines de maisons sont détruites, les édifices monumentaux sont endommagés, plusieurs sont laissés en ruines. À la suite de la reddition (1759), l'ancienne capitale de la Nouvelle-France voit sa population diminuer de moitié en trois ans.

LA BASSE-VILLE

De manière générale, la densification s'étend à l'ensemble du secteur de la basse-ville et relance des chantiers importants pour agrandir l'espace constructible. Tous les grands projets ne sont pas réalisés, mais l'empiètement sur le fleuve se poursuit. Cela permet de construire sur le côté est de la rue Saint-Pierre et de l'allonger vers le nord, jusqu'à la rue Saint-Jacques, aujourd'hui rue de la Barricade. Cependant, outre la construction de maisons le long des rues Saint-Pierre et du Sault-au-Matelot, l'achèvement de l'église Notre-Dame-des-Victoires en 1723 et l'édification de quais, il y a peu de constructions nouvelles, puisque l'espace constructible est déjà occupé. Conséquemment, et compte tenu de l'exiguïté des lieux, la pression urbaine favorise une croissance en hauteur des bâtiments résidentiels.

L'occupation de la basse-ville s'étend donc de manière linéaire à l'ensemble du pied de la falaise. Au sud, dans la zone Près-de-Ville, l'occupation humaine se développe. En 1759, on compte une quinzaine de maisons en bois occupées par des pêcheurs. Au nord, l'occupation de la rue du Sault-au-Matelot se densifie, tout comme le reste de la rive sud de la rivière Saint-Charles, qui sera finalement bâtie en entier. La rue Sous-le-Cap, ouverte en 1722, permet de relier le secteur de la place Royale au « quartier » du palais. Dans le secteur du palais de l'Intendant, au pied d'un accès naturel à la haute-ville, la population quadruple. On s'établit de chaque côté de la rue Saint-Vallier et tout autour du palais.

Reconstruit immédiatement après un incendie en 1726, celui-ci joue un rôle marquant par sa présence imposante. Avec l'installation des chantiers du Roi sur la rivière Saint-Charles (1739-1756), ce secteur accueille des quais et des installations commerciales et portuaires.

LA HAUTE-VILLE

À la haute-ville, les contraintes esquissées précédemment demeurent. Enserrée dans les fortifications et limitée par les grands domaines civils et religieux, la partie haute se développe dans des zones restreintes. Le lotissement des grands domaines se poursuit. C'est le cas notamment des propriétés du Séminaire, ce qui permet l'ouverture des rues Ferland, Hébert, Laval et Christie. Les zones habitées s'étendent au secteur de la rue Saint-Louis, notamment autour des rues des Grisons, Sainte-Geneviève, Saint-Denis et Laporte. L'habitation rejoint la rue Saint-Jean et la côte du Palais, notamment dans la partie à l'ouest de cette côte, où le réseau routier est désormais fixé. Par ailleurs, seuls quelques bâtiments institutionnels se rajoutent : le collège des Jésuites est complété, de même qu'une chapelle extérieure chez les Ursulines, alors qu'un pavillon est rajouté au château Saint-Louis. La cathédrale est refaite en 1744 sur le même emplacement.

La reprise, en 1745, des travaux liés aux fortifications se traduit par de nouvelles infrastructures, dont la construction des Nouvelles Casernes, un bâtiment de 160 m de long, et l'achèvement de la redoute Dauphine. Par ailleurs, c'est à partir de la même année que commence l'aménagement d'une nouvelle ligne de fortification, plus à l'ouest (son tracé correspond aux fortifications actuelles). Celle-ci comprend quatre bastions, deux demi-bastions et trois portes. Dans ce contexte, les espaces libérés — entre les deux lignes de fortifications — sont restructurés : les parcelles sont remembrées selon un plan en damier et leur lotissement est amorcé, principalement dans le quadrilatère formé des rues Sainte-Anne, Saint-Stanislas, Dauphine et Sainte-Ursule. Cette nouvelle ligne de défense permet d'intégrer certains bâtiments des faubourgs avoisinants. Pour mettre en place une zone *non ædificandi*, on doit procéder à des démolitions, dont une bonne partie de la vingtaine d'habitations présentes en 1740 dans la côte d'Abraham, dernier lien naturel entre la ville et le faubourg Saint-Roch.

La densification de l'espace habité se poursuit et se traduit par des mutations architecturales : les cours arrière sont construites, les bâtiments gagnent en hauteur. La proportion du bâti par rapport au lot prend donc de l'importance, jusqu'à ce que le bâtiment occupe la totalité du lot à construire, peu importe la forme de ce dernier. Des bâtiments au plan irrégulier sont alors érigés sur de tels lots.

L'ANALYSE TYPOLOGIQUE DE
L'ARCHITECTURE DOMESTIQUE

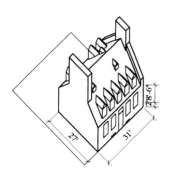

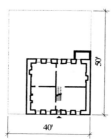

La maison urbaine primaire (vers 1721)

Généralement, la façade de la maison urbaine occupe 80 p. 100 du front de lot, permettant ainsi l'accès à l'aire arrière, qui ne comprend généralement pas de bâtiment secondaire. Par contre, à la basse-ville, plusieurs maisons sont mitoyennes et certaines, dans le secteur du palais de l'Intendant, comportent un passage couvert entre les habitations qui permet l'accès à la cour. La portion du lot occupée par l'habitation varie considérablement selon le quartier : parfois moins de 30 p. 100 à la haute-ville contre 60 p. 100 à la basse-ville.

Les dimensions moyennes de la maison urbaine sont de 31 pi français en façade sur la rue sur 27 pi (10,1 m sur 8,8 m). L'augmentation éventuelle de la profondeur permet d'aménager une deuxième travée côté cour et ainsi, chaque étage peut être subdivisé en quatre pièces. Les escaliers extérieurs étant prohibés, ils sont érigés au centre des habitations et participent au mode de distribution des espaces intérieurs.

La maison urbaine n'a qu'un seul étage, haut de 7,5 pi (2,4 m) sous les poutres et surhaussé d'environ 2 pi (0,6 m) du sol. Par contre, en basse-ville, elle a souvent deux étages au-dessus du rez-de-chaussée.

Malgré l'obligation de construire des maisons de pierre, ce n'est le cas que pour 70 p. 100 des constructions vers 1744, les autres étant toujours érigées en colombage ou avec une structure composite. Cependant, les règles relatives au toit, que ce soit le nombre de versants, l'angle de la pente ou la présence de murs coupe-feu, sont davantage observées.

Les habitations situées au 15, rue Sainte-Famille et au 7, rue Hébert témoignent de ce type de résidence.

Source : Vallières (1999 : 105)

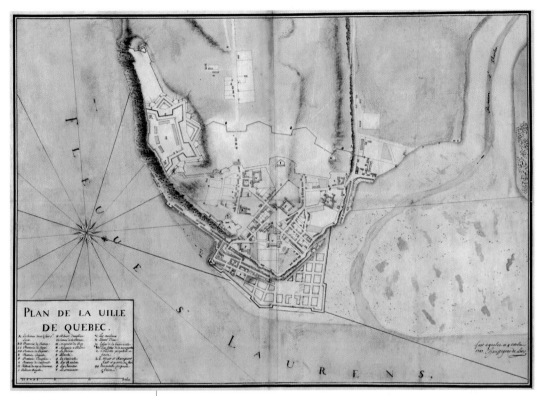

Plan de la ville de Québec par Gaspard-Joseph Chaussegros de Léry, 1727

Source : Bibliothèque et Archives nationales du Québec, Québec D942

EMPREINTES QUI SUBSISTENT DE LA PÉRIODE DE **1720** À **1760**

BASSE-VILLE
SITE ET VESTIGES ARCHÉOLOGIQUES

Artefacts du Régime français, 1745-1774,
collection de l'Auberge Saint-Antoine

Artefacts du Régime français, 1746-1760,
collection de l'Auberge Saint-Antoine

Emplacement des chantiers du Roi, rue des Vaisseaux-du-Roi,
qui commémore la mise au jour d'une rampe de lancement
de navires lors des travaux de réaménagement de la place
de la Gare

Emplacement des chantiers du Roi,
rue de l'Ancien-Chantier

EMPREINTES QUI SUBSISTENT DE LA PÉRIODE DE 1720 À 1760

BASSE-VILLE
TRAME URBAINE

Terrain gagné sur le fleuve,
rue du Cul-de-Sac

Rue Sous-le-Cap, souvent identifiée
comme la plus étroite en Amérique

Rue Saint-Pierre,
de la place de la FAO
à la rue Sous-le-Fort

EMPREINTES QUI SUBSISTENT DE LA PÉRIODE DE 1720 À 1760
BASSE-VILLE
ÉLÉMENTS DU CADRE BÂTI

Éléments associés
au décret de 1727 :
constructions en pierre,
murs coupe-feu

Maison Guillaume-Estèbe,
construite en 1751 et
aujourd'hui intégrée
au Musée de la civilisation

EMPREINTES QUI SUBSISTENT DE LA PÉRIODE DE 1720 À 1760

HAUTE-VILLE
SITES ET VESTIGES ARCHÉOLOGIQUES

Plaque commémorative du Collège
des Jésuites apposée
sur l'hôtel de ville de Québec

Emplacement du monastère
des Récollets sur le site actuel
de l'édifice Gérard-D.-Levesque

Faubourg Saint-Jean,
de la place D'Youville vers
l'église St. Matthew

EMPREINTES QUI SUBSISTENT DE LA PÉRIODE DE 1720 À 1760
HAUTE-VILLE
TRAME URBAINE

Tracé ouest des fortifications, vue de la section comprise dans le parc de l'Artillerie

EMPREINTES QUI SUBSISTENT DE LA PÉRIODE DE 1720 À 1760

HAUTE-VILLE
LOTISSEMENT DU SECTEUR DU SÉMINAIRE
TRAME URBAINE

Rue Ferland, de
la rue des Remparts
vers la rue Garneau

Rue Hébert, de la rue
des Remparts vers
la rue Sainte-Famille

Rue Laval, de la rue
Hébert à la rue de
la Ménagerie

Rue Christie, de
la rue Couillard
à la rue Garneau

HAUTE-VILLE
LOTISSEMENT AU NORD DE LA RUE SAINT-LOUIS
TRAME URBAINE

Avenue Sainte-Geneviève,
de la rue des Carrières à
la rue de la Porte

Rue de la Porte,
de l'avenue Saint-Denis
à la rue Mont-Carmel

Rue des Grisons,
de la rue Mont-Carmel
à l'avenue Saint-Denis

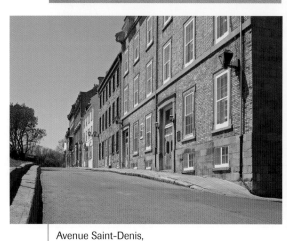

Avenue Saint-Denis,
longeant le glacis
de la citadelle

EMPREINTES QUI SUBSISTENT DE LA PÉRIODE DE 1720 À 1760
HAUTE-VILLE
TRAME URBAINE

Rue Sainte-Angèle,
depuis la rue Dauphine
jusqu'à la rue McMahon

Rue Saint-Stanislas,
depuis la rue Dauphine
jusqu'à la rue McMahon

Rue McMahon,
de la rue Richelieu
à la côte du Palais

Rue Sainte-Ursule,
depuis la rue Saint-Louis
vers la rue Saint-Jean

HAUTE-VILLE
ÉLÉMENTS DU CARDRE BÂTI

Maison Berthelot,
22, rue Sainte-Anne,
construite en 1732

Maison Touchet,
15, rue Sainte-Famille,
construite entre
1747 et 1768

Les « Nouvelles Casernes »
construites de 1749 à 1754,
le plus vaste édifice militaire
de la Nouvelle-France,
dans le parc de l'Artillerie

Maison Émond,
20-22, rue Hébert,
construite entre
1752 et 1758

Éléments associés
au décret de 1727 :
constructions en pierre,
murs coupe-feu

Hôtel-Dieu de Québec,
aile des Jardins
reconstruite en 1757

Le Régime anglais
de 1760 à 1871

▶ La période du Régime anglais s'étend de la capitulation de Québec, en septembre 1759, au départ des troupes britanniques, en 1871. Ce retrait est associé à la nouvelle situation canadienne, où la Confédération naissante prend en charge certaines fonctions étatiques autrefois assumées par l'administration coloniale britannique.

Ce siècle sera marqué par d'importantes transformations du cadre urbain de Québec. Capitale administrative de la colonie jusqu'en 1854, principale porte d'entrée de l'Amérique du Nord britannique, pôle portuaire et économique déterminant dans l'économie coloniale canadienne, Québec bat au rythme de l'Empire. Dans la seconde moitié du XIXe siècle, la capitale voit son rôle déclassé sur les plans tant politique et économique que militaire. Le départ des troupes, en 1871, est considéré comme le point culminant de ce processus, mais il permettra également de revoir l'aménagement global de la ville.

La période initiale, 1760-1790

Les premières décennies de la présence britannique sont marquées par une stabilité relative du cadre bâti. Certes, les dommages causés par le siège de Québec suscitent d'importants travaux de reconstruction dans les zones touchées, notamment à la basse-ville — tout le secteur entre la rue du Petit-Champlain et la maison Estèbe est incendié — et dans la partie de la haute-ville en bordure de la falaise. Ces travaux ne modifient cependant pas le paysage urbain de façon importante, puisque ce sont d'abord des travaux de reconstruction des charpentes et toitures, accompagnés parfois de réaménagement des ouvertures et surtout de surhaussement des bâtiments. La trame urbaine demeure à peu près intacte.

L'architecture domestique est surtout marquée par la diffusion du type de maison urbaine développé précédemment, qui connaît une mutation par l'ajout d'un étage supérieur.

Le cadre bâti est marqué davantage par la croissance des faubourgs que par des mutations de l'espace urbanisé : celui-ci correspond, pour l'essentiel, au territoire occupé aujourd'hui par l'arrondissement historique. En 1795, Québec compte 7 300 habitants, soit à peu près le niveau atteint en 1759. Les activités économiques et les fonctions politiques se poursuivent, bien que des changements marquants en fait de structure sociale et d'allégeance aient eu lieu. C'est par la suite, en 1791, qu'émerge un nouveau rôle pour Québec : à la suite de la guerre de l'Indépendance américaine, l'administration coloniale britannique fait de Québec son pivot stratégique et la capitale de la province du Bas-Canada.

LA BASSE-VILLE

La basse-ville connaît deux phénomènes importants au cours de cette période britannique initiale.

Le premier résulte de la pression causée par la faible disponibilité de l'espace habitable. Ainsi, afin de s'établir dans le quartier, l'occupation humaine s'étend vers les faubourgs environnants, soit la zone Près-de-Ville, par l'extension de l'habitat sur la rue du Petit-Champlain, et vers le faubourg Saint-Roch, par la jonction de l'habitation qui se trouve rue Sous-le-Cap à celle de la rue Saint-Vallier Est. L'extension est encore plus marquée par le gain d'espace sur le fleuve, favorisé par la construction de quais. Ainsi, en 1785, la ville compte onze quais en activité, de propriété privée. Ces quais sont souvent adjacents à la résidence du marchand. Finalement, on assiste à une généralisation de la ségrégation des fonctions : commerce et atelier au sous-sol et au rez-de-chaussée; habitation domestique aux étages supérieurs.

Le second phénomène est associé à la guerre de l'Indépendance américaine. En décembre 1775, la basse-ville est tenue par les insurgés : des barricades y sont dressées et deviennent le lieu d'affrontements, alors que le palais de l'Intendant, occupé par les Américains, est bombardé et détruit. Par ailleurs, à cause de l'exiguïté de la basse-ville, la zone entourant le palais de l'Intendant accueille également des quais, et ses rues se bordent d'ateliers.

LA HAUTE-VILLE

À la haute-ville, la transition entre les régimes français et anglais est d'abord marquée par une présence militaire importante.

Outre l'occupation des Nouvelles Casernes et de la redoute Dauphine, des travaux liés aux fortifications sont engagés : on termine d'abord l'enceinte en terre à l'ouest, que l'on garnit de blockhaus en bois. De même, on établit une réserve pour la citadelle dès 1763, qui y est installée temporairement à la fois pour contrôler la ville — nouvellement jointe à la Couronne britannique — et pour faire face à de possibles attaques de l'extérieur.

Pour la défense, l'armée prévoit des réserves foncières qui longent l'intérieur des fortifications : cela réduit de manière importante, soit près de la moitié, l'espace constructible entre les deux systèmes défensifs. Cette mise en réserve favorise une hausse de prix et accentue le caractère élitiste du secteur. Enfin, après l'invasion américaine de 1775, on entreprend de renforcer les fortifications au nord, notamment avec la construction de la porte Hope en 1786.

L'occupation britannique se traduit également par des mutations des grands domaines institutionnels. Ceux-ci ont subi d'importants dommages lors du siège, et leur reconstruction prend plusieurs années. Par exemple, le palais épiscopal, très endommagé par le siège de 1759, est rebâti en 1775; la cathédrale, en ruine jusqu'en 1766, est reconstruite en 1771, et le collège des Jésuites, gravement détérioré, est refait pendant la période de 1761 à 1773. Ces travaux sont toutefois accompagnés d'une récupération des lieux pour l'administration coloniale : le nouveau palais épiscopal accueille des services gouvernementaux à partir de 1775; le collège des Jésuites est transformé en caserne où logent 1 350 soldats; et la chapelle des Récollets sert désormais à la communauté anglicane, alors que son couvent est utilisé comme prison. Le château Saint-Louis est réparé et occupé par le gouverneur militaire. Seul bâtiment d'importance construit à cette époque, le château Haldimand, érigé en 1786, témoigne de la nouvelle touche britannique qui marquera l'époque suivante.

L'occupation de la haute-ville se développe relativement peu, bien que le lotissement des domaines, opéré à la fin du Régime français, en rende l'expansion possible. La seule densification de l'occupation se situe le long des rues Saint-Denis, Sainte-Ursule et D'Auteuil, de même que dans le secteur entre les rues Saint-Jean et McMahon. Dans le secteur proche des fortifications où l'expansion était planifiée dès avant la Conquête, on ne compte que 48 constructions neuves en 1800, soit 48 ans après l'élaboration des plans.

Pour mieux répondre à la demande, la fonction commerciale se développe, notamment avec le marché en face de la cathédrale, où l'on projette d'aménager des halles, et avec la multiplication de commerces le long de la rue De Buade, de la côte de la Fabrique, de la rue Saint-Jean et de la côte du Palais.

L'ANALYSE TYPOLOGIQUE DE
L'ARCHITECTURE DOMESTIQUE

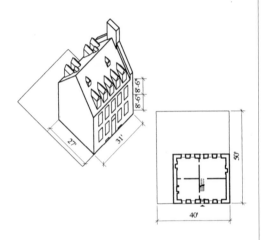

Source : Vallières (1999 : 105)

La maison urbaine surhaussée (1760)

À la suite des destructions de 1759-1760, on procède d'abord à la reconstruction, généralement en utilisant les fondations existantes et les murs restants. Le mode d'implantation du bâtiment sur la parcelle et ses dimensions demeurent inchangés.

Essentiellement, la différence entre le type de la maison urbaine surhaussée et le type précédent consiste en l'ajout d'un étage. C'est notamment le cas de la maison Maillou, qui a été construite en 1738 et surhaussée en 1770.

EMPREINTES QUI SUBSISTENT DE LA PÉRIODE DE **1760** À **1790**

BASSE-VILLE
SITE ET VESTIGES ARCHÉOLOGIQUES

Quais derrière la maison
Guillaume-Estèbe intégrés
au Musée de la civilisation

EMPREINTES QUI SUBSISTENT DE LA PÉRIODE DE 1760 À 1790
BASSE-VILLE
TRAME URBAINE

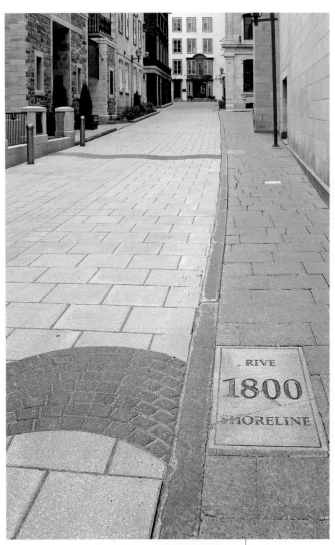

Rue des Prairies, depuis la rue Vallière
jusqu'à la rue Saint-Nicolas

Évolution de la limite des quais à
différentes époques 1600, 1700 et 1800,
rue Saint-Antoine

BASSE-VILLE
ÉLÉMENT DU CADRE URBAIN URBAIN

Maison Stuart,
26, rue Saint-Pierre,
reconstruite en 1764

Maison Mercier,
113, rue Saint-Paul,
reconstruite en 1794

Maison Paradis,
42, rue Notre-Dame,
reconstruite en 1761

Maison Joseph-Canac-dit-Marquis,
64-66, côte de la Montagne,
reconstruite en 1768

EMPREINTES QUI SUBSISTENT DE LA PÉRIODE DE 1760 À 1790
HAUTE-VILLE
SITES ET VESTIGES ARCHÉOLOGIQUES

Emplacement du
château Haldimand
sur le site actuel
du château Frontenac

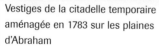
Vestiges de la citadelle temporaire
aménagée en 1783 sur les plaines
d'Abraham

EMPREINTES QUI SUBSISTENT DE LA PÉRIODE DE 1760 À 1790
HAUTE-VILLE
TRAME URBAINE

L'esplanade entre la rue D'Auteuil
et les fortifications

Place D'Youville à l'extérieur
des fortifications

Rue Dauphine,
vers la porte du même nom

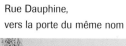

Rue Haldimand, de la rue
Saint-Louis jusqu'au jardin
des Gouverneurs

Rue du Parloir, de la rue Saint-Louis au Monastère des Ursulines

EMPREINTES QUI SUBSISTENT DE LA PÉRIODE DE 1760 À 1790

HAUTE-VILLE
ÉLÉMENTS DU CADRE BÂTI

Maison Leboeuf,
9-91/2, rue Hébert,
construite vers 1780

Maison Maillou,
17, rue Saint-Louis,
construite en 1738
et surhaussée vers 1770

Maison Antoine-Vanfelson,
13-17, rue des Jardins, construite
entre 1779 et 1785

L'apogée et le déclin de la ville coloniale anglaise, 1790-1871

L'année 1791 marque une renaissance pour Québec : le passage du gouvernement militaire à celui du Bas-Canada fait de la ville, à nouveau capitale, le joyau de l'Amérique du Nord britannique. Maintenue sans partage jusque vers 1840, la stature politique de Québec se trouve également appuyée, sur le plan économique, par le boom suscité par l'exportation du bois et la construction navale. Cette activité favorise la mise en place d'industries connexes. Ainsi, la fonction portuaire, associée aux fonctions administratives et économiques, joue un rôle déterminant dans la vie de la collectivité.

Le développement est accompagné d'une augmentation importante de la population dans la ville, qui passe de 7 162 à 57 375 habitants de 1795 à 1871, grâce à l'arrivée de migrants anglais, écossais et irlandais. L'immigration va modifier le contexte social et culturel de Québec et entraîner la densification des faubourgs, notamment celui de Saint-Roch où la construction résidentielle augmente de 163 p. 100 de 1795 à 1805.

Il s'ensuit une modification du poids relatif du secteur de l'arrondissement historique : alors qu'il accueille 75 p. 100 de la population en 1795, dès 1818 on y dénombre moins de 50 p. 100 des habitants de la ville, puis un tiers seulement en 1861.

Pour répondre aux besoins croissants de la population en général, les institutions municipales se mettent en place : dès 1833, la ville est organisée en corporation municipale et offre les principaux services de base. Des marchés s'installent, des banques apparaissent et des bâtiments commerciaux et institutionnels s'élèvent.

Du fait de son appartenance à l'Empire et en raison de son statut de capitale coloniale, la ville se pare de bâtiments religieux et civils dont les styles, notamment le palladianisme et le néoclassicisme, font référence à ce qu'on construit en métropole. Finalement, l'achèvement d'imposants travaux liés aux fortifications contribue à donner à Québec son image de ville coloniale fortifiée.

Des changements importants surviennent également en ce qui a trait à l'architecture domestique. Le type de maison urbaine, développé jusque dans les années 1790 et dont l'implantation est détachée, doit s'adapter à la densification de l'occupation. Un nouveau type apparaît vers 1810 : la maison mitoyenne. Celle-ci est caractérisée notamment par une rotation de l'axe par rapport à la rue, le bâtiment se déployant en profondeur, et par une polarisation avant-arrière, selon laquelle sont définies les parties publiques et privées de l'habitat. Le bâti occupe maintenant 70 p. 100 de la parcelle. Vers 1820, la maison mitoyenne est désormais surhaussée et comprend deux étages en plus du rez-de-chaussée (Vallières 1999 : 113). Par la suite, des modes d'agrégation avec les unités voisines favorisent l'implantation de maisons mitoyennes multipliées ou jumelées, puis de maisons en terrasses vers 1845. Parmi ces dernières, un exemple bien conservé est le *Hope Gate Terraces*, construit en 1845 (5-7-9, rue Sainte-Famille).

Cette mutation de l'architecture domestique est associée à un changement du mode de lotissement, caractérisé par des parcelles plus étroites et plus profondes. Pour accéder à la cour arrière, désormais isolée de la rue en vertu du caractère mitoyen de l'habitat, apparaît vers 1830 la porte cochère[6]. L'entrée du bâtiment est également modifiée, suivant une « organisation proprement québécoise » : un vestibule abrite un court escalier derrière un portail dégagé en hauteur, donnant accès à un rez-de-chaussée surélevé, ce qui permet des ouvertures pour l'éclairage du sous-sol.

Toutefois, la silhouette globale ne change guère, les nouvelles habitations s'inscrivant dans la continuité en matière de matériaux, de toiture, de lucarnes, etc.

Au tournant de 1850, des changements majeurs viennent modifier la position dominante de Québec dans la colonie : Montréal émerge alors comme pôle commercial et industriel continental, tandis que le commerce du bois décline pour s'éteindre complètement et que la construction navale suit le même parcours. Sur le plan de la région, Québec doit partager avec Lévis, sa voisine de la rive sud, son rôle de lieu de transit des voyageurs et des marchandises lorsque la compagnie de chemin de fer du Grand-Tronc y établit son terminus en 1854.

Le déclin de la ville est également politique : à compter de 1840, le Canada-Uni est en quête d'une nouvelle capitale et le retour occasionnel à Québec ne fait que présager la perte de ce statut avec la naissance de la Confédération. Enfin, la prise en charge par le nouvel État de fonctions assumées par la métropole et le départ des troupes britanniques en 1871 marquent la fin d'une période faste.

---

6.   On en trouve un inventaire dans le Comité de rénovation et de mise en valeur du Vieux-Québec (1970).

LA BASSE-VILLE

La partie basse de la ville connaît un développement important de 1791 à 1871. Sa physionomie est complètement transformée par l'expansion des berges, tant du côté du fleuve que de la rivière Saint-Charles. Ces changements sont associés au développement considérable du port et des activités de la construction navale. Les quais, hangars et entrepôts se multiplient : on en compte 37 en 1829. Conséquence de ces travaux, la superficie de la basse-ville aurait doublé de 1790 à 1820. Ce remplissage permet l'ouverture des nouvelles rues Saint-Jacques, Bell et Dalhousie ainsi que la jonction de la récente rue Saint-Paul avec la rue Saint-Pierre. Le quartier se modifie également par l'expansion en hauteur, de sorte que, en 1820, 66 p. 100 des maisons ont trois étages.

De 1790 à 1820, la population de la basse-ville double. Elle se compose de marchands (27 p. 100 de la population) dans le secteur des rues Notre-Dame, Sous-le-Fort et Saint-Pierre, alors qu'artisans et ouvriers (55 p. 100) habitent rue du Sault-au-Matelot et que les marins se concentrent du côté de la rue du Petit-Champlain. Par ailleurs, d'importantes mutations sociales, liées à l'épidémie de choléra et à l'arrivée massive d'immigrants, surviennent au cours du second quart du XIXe siècle et transforment profondément la basse-ville. Les marchands quittent le quartier, et leurs résidences sont converties en bureaux, commerces ou banques — par exemple, la banque située au 124, rue Saint-Pierre a été construite en 1850; la maison située au 1094, rue Saint-Vallier, reconstruite en 1845, était occupée à l'origine par un bureau d'avocats. Ces changements font en sorte que les résidents de la basse-ville ne sont plus majoritairement des marchands et des artisans, mais plutôt des ouvriers et des immigrants.

Après 1850, une baisse importante du nombre de résidents se fait sentir, surtout en ce qui touche les familles — 28 p. 100 dans le secteur du palais de l'Intendant; 72 p. 100 dans Champlain — phénomène probablement lié à l'augmentation d'une population plus mobile qu'amène l'activité portuaire. Autre signe de la présence importante de cette population de passage : hôtels et restaurants se multiplient.

Plusieurs marchés approvisionnent la population. Des halles sont construites sur un ancien quai en 1817 au marché Finlay. Détruites en 1834, elles sont reconstruites presque aussitôt et occupent le site jusqu'au tournant du XXe siècle. Le marché Champlain est aménagé en 1854 sur le site récemment comblé de l'anse du Cul-de-Sac. Un débarcadère de traversier est construit au même endroit en 1856.

À l'intersection de la basse-ville et des faubourgs, le secteur du palais de l'Intendant se développe, suivant en cela les activités portuaires. La rue Saint-Paul devient un axe important, reliant le port au secteur du Palais et au quartier Saint-Roch qui connaît une croissance remarquable grâce au commerce du bois et aux chantiers maritimes. Toutefois, deux incendies majeurs font rage dans ce quartier en 1843 et en 1845, le second réduisant le secteur en cendres. L'armée en profite pour acquérir les maisons au sud de la rue Saint-Charles (aujourd'hui rue Saint-Vallier Est) et les démolit pour dégager la falaise. Il s'ensuit une dramatisation du paysage urbain, les hautes fortifications surplombant la falaise donnent à la ville un aspect encore plus sévère.

Du côté de la basse-ville, la disparition des chantiers maritimes après 1850 entraîne un remodelage important. De nouvelles vocations émergent, largement liées au commerce : port en eau profonde dans le secteur de la Canoterie, quartier financier dans la rue Saint-Pierre, industries dans les secteurs du palais de l'Intendant et de Saint-Roch. L'établissement de la brasserie Boswell sur le site du palais de l'Intendant en 1852 et l'arrivée du chemin de fer attirent les commerçants.

À l'autre extrémité, la zone Près-de-Ville poursuit son développement : notons la multiplication des quais, des entrepôts, des boutiques et des chantiers maritimes. Plusieurs maisons doivent être déménagées ou démolies au moment où la rue Champlain est élargie et redressée en 1842. Ce secteur est marqué par plusieurs sinistres : incendies en 1865 et en 1891, éboulis multiples, dont un majeur en 1889, provoquant la désertion du quartier.

La croissance de la ville se reflète également dans un développement immobilier marqué par des édifices et des structures qui soutiennent la fonction commerciale : quais, entrepôts et hangars. Soulignons la construction du premier édifice des Douanes en 1830 (quai de la Reine, aujourd'hui boulevard Champlain), l'un des plus anciens bâtiments gouvernementaux de style néoclassique au Canada.

La basse-ville profite de différents travaux d'urbanisme au cours de la période : pavage de la rue Saint-Pierre, que les citoyens avaient réclamé dès 1799; pavage de la rue du Cul-de-Sac en 1815; recouvrement des rues plus modestes en bois; installation d'un premier système d'éclairage à l'huile de charbon en 1819, puis d'un système au gaz vers 1850; élargissement de la rue Notre-Dame en 1834.

Après 1850, l'élargissement de la côte de la Montagne et l'ouverture de la rue Dalhousie ainsi que leur pavage achèvent la trame urbaine actuelle. En 1865, l'installation de la première ligne de tramway, l'arrivée des chemins de fer et l'électrification de l'éclairage des rues annoncent une ère nouvelle.

LA HAUTE-VILLE

Les phénomènes mis en évidence à la période précédente se poursuivent de 1791 à 1891 : hausse de population se traduisant par une densification de l'occupation; contraintes sur le lotissement qu'impose la présence des ouvrages fortifiés. La surenchère sur le cadre bâti se traduit d'abord par le comblement des espaces vides le long des rues, puis par la construction d'habitations à deux étages. Ce développement de l'espace habité s'effectue plutôt lentement jusque dans les années 1820, le taux de construction chutant de 1,5 p. 100 pendant la période 1795-1805 à 0,26 p. 100 pendant la période 1806-1819.

La construction s'accélère par la suite dans les rues où cela est possible, notamment la rue Saint-Louis et certaines artères prolongées — les avenues Saint-Denis et Sainte-Geneviève, outre les rues Sainte-Ursule, D'Auteuil, Sainte-Angèle et Dauphine.

Près de l'Hôtel-Dieu, les rues Charlevoix, Carleton et Elgin sont créées. Après une hausse rapide entre 1830 et 1842, le nombre de résidences passant de 487 à 651, la haute-ville atteint pratiquement sa capacité maximale, évaluée à 700 bâtiments (Vallières 1999 : 117). Dès lors, on construit dans les cours et davantage en hauteur : la proportion de maisons à trois étages augmente rapidement.

Par ailleurs, la présence militaire se fait sentir par les travaux de réparation des remparts (1786-1804), la construction de portes (Hope en 1787 et Prescott en 1797), la démolition d'habitations pour dégager les fortifications entre les portes Saint-Jean et Saint-Louis, sans oublier la construction de la citadelle (1820-1831). Les autorités militaires procèdent à des achats et à des démolitions du côté sud de l'avenue Saint-Denis et de la rue Saint-Louis, en vue d'y établir le glacis, le quartier des officiers et l'hôpital. Ce dispositif crée une ville enclavée dont l'accès est limité par des portes étroites. La présence d'une importante garnison marque non seulement la vie sociale et culturelle, mais l'espace même de la ville : 42 p. 100 de sa superficie est occupée par des installations militaires.

Le nouveau rôle de capitale coloniale britannique en Amérique du Nord s'affirme par une forte présence institutionnelle. En 1792, le Parlement s'installe dans le palais épiscopal qui sera détruit par un incendie en 1841. On le reconstruit en 1859, mais l'édifice est de nouveau la proie des flammes en 1889. De 1799 à 1804, on érige le premier palais de justice sur le terrain des Récollets et, de 1808 à 1811, la prison qui deviendra le Morrin College en 1861.

La présence institutionnelle britannique est affirmée par la diffusion d'un style architectural, le palladianisme, style classique anglais en vogue dans la métropole. Certaines résidences, telles la maison Goldsworthy, au 37, rue Sainte-Ursule (construite vers 1802) et la maison

Sewell, au 87, rue Saint-Louis (1803), témoignent de la popularité de ce style auprès des élites britanniques. Les bâtisseurs d'églises des différentes communautés s'en inspirent également.

Par la suite, la diffusion de l'architecture néoclassique confirme le caractère anglais de la ville, éloquemment illustré par les résidences construites au 43, rue D'Auteuil (1834), au 7, rue De Buade (vers 1845) au 73, rue Sainte-Ursule (1831), ou encore au 56, rue Saint-Louis (vers 1830-1840).

En même temps, le paysage urbain subit l'influence des nouvelles communautés anglophones. Cela se traduit notamment par la diversification des lieux de culte : la cathédrale anglicane Holy Trinity, érigée de 1799 à 1804; l'église presbytérienne St. Andrew, rue Dauphine, construite en 1809-1810 et agrandie en 1823 et en 1836; la Chapelle de la Sainte-Trinité, érigée sur la rue Saint-Stanislas en 1824 pour répondre aux besoins des fidèles anglicans; l'église Chalmers-Wesley, sur la rue Sainte-Ursule, bâtie en 1852-1853 pour les Wesleyens. Les congrégationalistes érigent leur temple au coin des rues D'Auteuil et Dauphine en 1818, et dans les années suivantes, tandis que les Irlandais, pour la plupart des catholiques anglophones, construisent l'église Saint-Patrice sur la rue McMahon de 1831 à 1836. Pendant ce temps, l'évêché affirme sa présence avec la construction en 1844 du Palais épiscopal, au 2, rue Port-Dauphin. À l'angle des rues Saint-Olivier et des Glacis, les sœurs de la Charité vont aménager un orphelinat en 1849 et un couvent en 1850.

D'autres édifices imposants voient le jour dans le secteur : l'hôtel Union, construit en 1805 (rue Sainte-Anne), le bureau de poste (rue De Buade), le premier hôtel de ville, bâti vers 1840 (rue Saint-Louis, à l'angle de la rue Sainte-Ursule) ainsi que la caserne (aménagée sur les anciennes propriétés des Jésuites).

Enfin, les institutions d'enseignement se multiplient. Des écoles primaires sont ouvertes, dont l'école du Cap-Diamant, au 477, rue Champlain (1841), la maison Loyola, appelée « National School », construite en 1824 au 29-35, rue D'Auteuil et le High School construit en 1865 sur la rue Saint-Denis. L'Université Laval est fondée par le Séminaire en 1852, et plusieurs bâtiments sont construits pendant la période 1854-1860.

Le caractère symbolique de la capitale continue de s'imposer, notamment autour du jardin des Gouverneurs, qui est doté d'un premier monument. Des espaces publics sont installés à proximité : la place d'Armes est agrandie, tandis que la terrasse Durham est aménagée en 1838 et élargie en 1854 sur le site du château Saint-Louis, incendié en 1834.

De 1806 à 1811, des halles circulaires sont construites en face de la cathédrale. Elles seront ensuite démolies et reconstruites de 1815 à 1818. Une zone commerciale se développe le long de la rue Saint-Jean et de la côte du Palais. L'accroissement du trafic qui en résulte force à reconstruire la porte Saint-Jean en 1829 pour créer des passages pour piétons et char-rettes. En 1878, le tramway s'installe rue Saint-Jean. Dès 1856, la population demande un élargissement de la rue, ce qui ne sera fait qu'en 1898 par un recul de la rue de 4,5 m, entraînant la démolition de toutes les maisons du côté sud.

Dans le secteur de l'Hôtel-Dieu, les anciens terrains des religieuses sont concédés entre les rues Collins et Saint-Jean et la côte du Palais. Les bâtiments se multiplient et de nouvelles rues sont ouvertes (Carleton, Elgin). La disparition des cimetières en 1855, à la suite de l'interdiction d'inhumer dans la ville, offre de nouveaux espaces constructibles. Le secteur à l'ouest de la côte du Palais accueille des établissements industriels : la Quebec Gaz Company s'y installe en 1865, suivie de la cartoucherie.

En matière de travaux d'urbanisme, notons l'élargissement et le pavage de certaines rues et l'installation de réseaux d'égouts et de distribution d'eau à partir de 1852 (Ville de Québec 1987 : 128).

L'ANALYSE TYPOLOGIQUE DE
L'ARCHITECTURE DOMESTIQUE

LES MAISONS MITOYENNES (1810-1845)

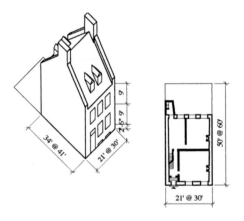

Source : Vallières (1999 : 112)

La maison mitoyenne primaire (vers 1810)

À la fin du XVIIIe siècle et au début du XIXe siècle, Québec entame une période de croissance. Le tissu urbain se densifie, le mode d'occupation du territoire se modifie et un nouveau type d'habitation surgit.

Pour ce qui est du parcellaire, les lots présentent un front sur rue plus court, mesurant entre 20 et 30 pi (6,5 m et 9,7 m) et une profondeur allant de 50 à 60 pi (16,2 à 19,5 m).

Le nouveau type de résidence présente une rotation de l'axe par rapport à la rue, s'implante sur toute la ligne frontale de lot et se déploie en profondeur, ce qui lui confère la mitoyenneté et supprime le passage reliant la rue à la cour arrière. La profondeur du bâtiment varie de 34 à 41 pi (11 à 13,3 m), pour une occupation d'environ 70 p. 100 de la parcelle. L'implantation verticale change légèrement : le rez-de-chaussée est davantage dégagé du sol, les étages s'élèvent à 8 pi (2,6 m) sous la structure du plafond. Jusqu'en 1820, compte tenu de la pression démographique et de l'espace disponible, la résidence compte généralement deux étages.

Ce modèle est implanté particulièrement dans les secteurs autour des rues Sainte-Angèle, Sainte-Anne, Sainte-Ursule, D'Auteuil et McMahon à la haute-ville, et sur la rue Saint-Paul à la basse-ville. Les résidences situées aux 6 et 14, Sainte-Ursule en constituent de bons exemples.

L'ANALYSE TYPOLOGIQUE DE
L'ARCHITECTURE DOMESTIQUE

LES MAISONS MITOYENNES (1810-1845)

Les modes d'expansion du type primaire (vers 1820)

Ce type de maison mitoyenne jumelée connaît deux modes d'expansion.

La maison mitoyenne surhaussée (1820)

D'abord la maison mitoyenne surhaussée qui partage de nombreux traits avec le type primaire. Elle s'en différencie cependant par son parcellaire plus grand, qui lui permet d'absorber l'augmentation de la hauteur des bâtiments. Le front des lots mesure de 23 à 34 pi (7,5 à 11 m) et la profondeur moyenne est de 75 à 100 pi (24,4 et 32,5 m).

Le mode d'implantation sur la parcelle demeure le même que celui du type précédent, mais la superficie des lots permet la construction de dépendances et d'écuries dans la cour que la présence d'une ruelle rend accessible. Il s'ensuit que le bâtiment principal occupe une proportion plus faible de la superficie totale de la parcelle (environ 50 p. 100).

Ce type est caractérisé par l'ajout d'un troisième étage, sans que le nombre d'habitants n'augmente nécessairement. C'est le mode d'occupation qui est modifié et réparti sur les trois étages : espaces semi-publics au rez-de-chaussée, pièces de jour à l'étage et chambres à coucher au niveau supérieur.

Ce type de maison mitoyenne est érigé principalement au sud de la rue Dauphine et à l'ouest de la rue Saint-Stanislas. Plusieurs maisons mitoyennes construites précédemment sont surhaussées d'un étage.

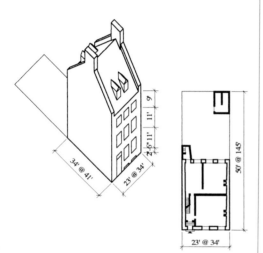

Source : Vallières (1999 : 116)

La maison mitoyenne multipliée (1820)

Ensuite apparaît le type de la maison mitoyenne multipliée (1820) qui constitue le second mode d'expansion de la maison mitoyenne primaire. Il ne s'en différencie que par le mode d'agrégation avec les unités adjacentes : les unités familiales sont juxtaposées, mais sont le fruit de l'initiative d'un propriétaire unique. Cela permet une lecture de chacune des unités grâce au rythme régulier des ouvertures de la façade. La lecture de leur appartenance à une même entité est facilitée par l'uniformité des matériaux de l'enveloppe, l'alignement horizontal des ouvertures et la ligne continue marquant la jonction entre le haut du mur et le bord du toit.

L'occasion d'intervenir sur plusieurs lots à la fois permet souvent d'incorporer un accès à la cour desservant toutes les unités. Prévu, ce passage n'est pas intégré dans l'ensemble, une travée supplémentaire étant tout simplement juxtaposée au module de base, à l'une des extrémités de la série.

Les maisons situées aux 11-15 de la rue Haldimand et aux 39-41-43 de la rue Sainte-Ursule constituent de bons exemples de ce type.

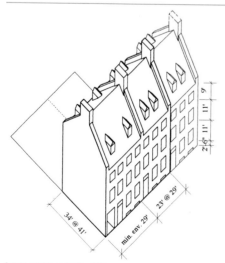

Source : Vallières (1999 : 121)

L'ANALYSE TYPOLOGIQUE DE
L'ARCHITECTURE DOMESTIQUE

LES MAISONS MITOYENNES (1810-1845)

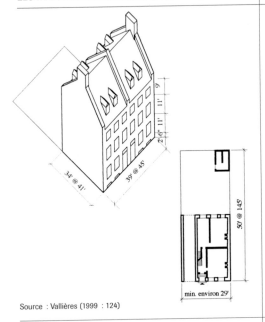

Source : Vallières (1999 : 124)

La maison mitoyenne avec accès à la cour (1830)

Par ailleurs, sur la base du type de la maison mitoyenne multipliée va se diffuser, au cours des années 1830, un nouveau type, celui la maison mitoyenne avec accès à la cour. Pour accéder à l'arrière du bâtiment que la mitoyenneté sépare désormais de la rue, on rajoute une travée supplémentaire dans laquelle on installe un passage cocher. Sur les lots où l'implantation d'une travée est impossible, on intègre le passage dans le bâti. Cette adaptation oblige parfois à relocaliser les escaliers intérieurs, ce qui modifie la circulation entre les étages.

Ce nouveau mode de relation avec l'espace arrière se traduit par des modifications aux bâtiments construits antérieurement.

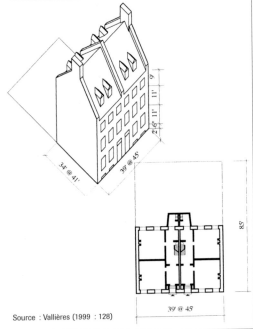

Source : Vallières (1999 : 128)

La maison mitoyenne jumelée (1830-1840)

Le type de la maison mitoyenne jumelée se répand autour des années 1830-1840. Il se caractérise par un mode d'agrégation dont le caractère bifamilial est davantage affirmé. La maison est composée de deux unités autonomes réparties de part et d'autre d'un axe; les accès aux logements peuvent être regroupés au centre ou répartis latéralement. L'introduction d'un axe de symétrie favorise la lecture unifiée du bâtiment tout comme l'ajout graduel d'éléments ornementaux à l'enveloppe. Ainsi, vers 1840, le traitement distinct du rez-de-chaussée par rapport aux étages supérieurs accentue l'horizontalité du bâtiment.

Les maisons situées aux 10-12 de la rue Saint-Denis ou aux 20-22 de la rue du Mont-Carmel représentent bien ce type de résidence.

L'ANALYSE TYPOLOGIQUE DE
L'ARCHITECTURE DOMESTIQUE

LES MAISONS MITOYENNES (1810-1845)

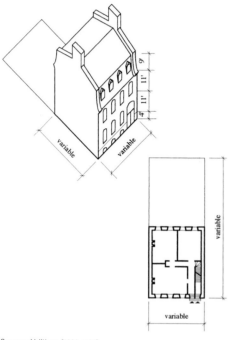

Source : Vallières (1999 : 132)

La maison en terrasse (vers 1845)

La maison en terrasse est un type importé directement d'Angleterre, où il apparaît au tournant du XIXe siècle, et qui unit dans un même ensemble une rangée de maisons tout en leur conférant une impression d'unité.

Il s'agit de projets immobiliers d'envergure, juxtaposant plusieurs unités résidentielles, trois au minimum. De ce fait, le rapport au cadre bâti se modifie : il ne s'agit plus de répondre au seul besoin de loger la population, mais également à celui de réaliser des projets grâce à la mise en valeur d'une propriété foncière. L'ampleur et la complexité de l'édification nécessitent souvent l'intervention d'un architecte et se traduisent par un impact remarquable sur le milieu.

Contrairement aux modèles précédents, ce type cherche à permettre la lecture de l'ensemble comme un tout, dont les extrémités sont soulignées par des arêtes bien définies.

Les maisons en terrasse situées aux 77-83 de la rue D'Auteuil et aux 13-21 de la rue des Remparts sont des illustrations intéressantes de ce type.

EMPREINTES QUI SUBSISTENT DE LA PÉRIODE DE 1790 À 1871

BASSE-VILLE
SITES ET VESTIGES ARCHÉOLOGIQUES

Ancienne limite des quais
depuis le quai Chouinard

Emplacement du marché Finlay,
à la place de Paris

Emplacement de la brasserie Boswell,
entre les rues Vallière et Saint-Nicolas,
construite en 1852

Emplacement du marché Champlain,
délimité par la rue du même nom
et le boulevard Champlain

Emplacement du marché Saint-Paul,
à la place de la Gare

EMPREINTES QUI SUBSISTENT DE LA PÉRIODE DE 1790 À 1871

BASSE-VILLE
TRAME URBAINE

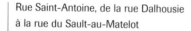

Rue Saint-Paul, depuis la place de la FAO
vers la rue des Navigateurs

Rue Saint-Antoine, de la rue Dalhousie
à la rue du Sault-au-Matelot

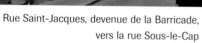

Rue Saint-Jacques, devenue de la Barricade,
vers la rue Sous-le-Cap

Rue Dalhousie
depuis le quai de la Traverse
vers le bassin Louise

Tracé de la côte à Coton
près de l'escalier des Glacis

BASSE-VILLE
ÉLÉMENTS DU CADRE BÂTI

Vieille Douane,
101, boulevard Champlain,
construite entre 1830
et 1839

Maison Félix-Bidégaré,
12, rue de l'Ancien-Chantier, habitation
de style néoclassique, type primaire,
construite en 1843

Entrepôt Hunt,
10, rue Saint-Antoine,
construit en 1822

Maison Simon-Bédard,
40-42, rue Saint-Nicolas,
habitation de style néoclassique,
type jumelé, construite en 1843

Maisons en rangée « Bell Terrace »,
297-307, rue Saint-Paul, construites en 1827

HAUTE-VILLE
SITES ET VESTIGES ARCHÉOLOGIQUES

Emplacement des halles du marché,
place de l'Hôtel-de-Ville

Emplacement
du Parlement
sur le site actuel
du parc
Montmorency

Ouvrages avancés des
remparts sur le site actuel de
l'esplanade du Parlement

EMPREINTES QUI SUBSISTENT DE LA PÉRIODE DE 1790 À 1871
HAUTE-VILLE
TRAME URBAINE

Rue des Glacis, de la côte Samson
à la place D'Youville

Rue Charlevoix, depuis la côte du Palais
vers les jardins de l'Hôtel-Dieu

Rue Carleton, de la rue McMahon
aux « Nouvelles Casernes »

Rue Hamel, de la rue des Remparts
à la rue Couillard

EMPREINTES QUI SUBSISTENT DE LA PÉRIODE DE 1790 À 1871

HAUTE-VILLE
ENSEMBLE URBAIN

Séminaire de Québec,
vue aérienne

Pavillon central de l'Université Laval,
construit entre 1854 et 1856

EMPREINTES QUI SUBSISTENT DE LA PÉRIODE DE 1790 À 1871
HAUTE-VILLE
ÉLÉMENTS DU CADRE BÂTI

Citadelle aménagée sur les hauteurs du cap Diamant, construite entre 1820 et 1831, vue aérienne

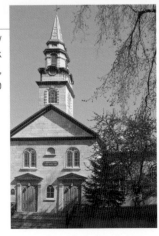

Église presbytérienne St. Andrew à l'angle des rues Cook et Sainte-Anne, construite en 1809-1810

Cathédrale anglicane Holy Trinity, à l'angle des rues des Jardins et Sainte-Anne, construite entre 1799 et 1804

Ancien hôtel Union,
12, rue Sainte-Anne,
construit en 1805

Édifice du Morrin College,
44, Chaussée des Écossais,
construit entre 1808 et 1811

Maison Sewell,
87, rue Saint-Louis,
construite en 1803-1804

Maison Goldsworthy,
37, rue Sainte-Ursule,
construite en 1802

Maison de style
néoclassique,
type primaire,
44, rue Saint-Louis,
construite vers 1830

Maison de style néoclassique,
type jumelé,
10-12, avenue Saint-Denis,
construite en 1849

Maison Gugy, 20-22, rue Mont-Carmel,
habitation de style néoclassique,
type jumelé, construite en 1832-1833

Maison Perrault, 11-15, rue Haldimand,
habitation de style néoclassique,
type multiplié, construite entre 1823 et 1825

Maisons en rangée « terrace »,
1136-1146, rue Saint-Jean,
construites en 1847-1848

Maison de style néoclassique, type multiplié,
39-43, rue Sainte-Ursule,
construite entre 1820 et 1822

Maison Crémazie, 60, rue Saint-Louis,
habitation de style néoclassique,
type multiplié, avec accès à la cour,
dernière unité d'une série de six
construites en 1830 par John Phillips
et Robert Jellard et portant les
numéros civiques 56 à 66

Maisons en rangée « terrace »,
77-83, rue D'Auteuil, construite vers 1845 pour les Ursulines

De Lord Dufferin
à nos jours

L'arrondissement historique subit d'importantes transformations du départ des troupes britanniques en 1871 jusqu'à nos jours. L'histoire de Québec et de la société québécoise s'inscrit dans le paysage bâti par la réalisation au cours de cette période de projets d'aménagement, de monuments et d'objets commémoratifs, par la diffusion de certains styles pour les édifices neufs ainsi que par d'importants chantiers de restauration ou de reconstruction.

Cette préoccupation patrimoniale ne constitue pas le seul aspect influant sur l'aménagement et le développement urbain du Vieux-Québec, mais elle témoigne d'une intention qui va s'affirmer au fur et à mesure que la connaissance et les sensibilités évoluent.

Pour les besoins de la démonstration, découpons la période 1871-2006 en cinq phases correspondant aux changements survenus dans le cadre bâti et dans la perception des citoyens :

1871-1900 : les grands projets de réaménagement de la ville et de l'arrondissement historique;

1900-1945 : le début des sensibilités mémorielles plus affirmées;

1945-1963 : la naissance de l'arrondissement historique;

1963-1985 : l'instauration de nouvelles pratiques;

1985-2006 : une période marquée par la recherche d'approches globales.

Les grands projets de réaménagement de 1871 à 1900

▶Lorsque les troupes britanniques quittent Québec en 1871, la situation économique de la ville est précaire. Le déclin du commerce du bois et de la construction navale a suscité le départ de milliers d'ouvriers et plusieurs logements du faubourg sont inhabités. Le nouveau statut de capitale, associé à la naissante « Province de Québec », ne permet pas de développer une activité économique d'une ampleur aussi importante que par le passé. Parallèlement, le développement de Montréal comme port et centre industriel canadien lui fait concurrence sur les plans commercial et industriel.

Cette situation affecte directement la population de Québec et la vie urbaine. La croissance connaît une période de stagnation relative de 1861 à 1901 — on y trouve au début du XXe siècle à peu près la même population que 40 ans auparavant —, alors que l'arrondissement historique enregistre une décroissance de 30 à 15 p. 100 de la population de la ville. Cette décroissance relative est davantage marquée à la basse-ville, où le développement des fonctions portuaire, commerciale et bancaire amène une spécialisation de l'espace et la chute des besoins en logement, processus que favorisent également la réduction des activités dans les chantiers maritimes et, dans une moindre mesure, les incendies et les éboulis qui détruisent la plupart des maisons situées le long du cap.

En 1871, Québec offre un paysage urbain qui témoigne des relations entre l'Empire britannique et sa colonie en Amérique du Nord. La présence d'institutions publiques, de fortifications et de personnel, principalement militaire, en marque la vie quotidienne. Cependant, le cadre politique international influe sur cette présence : alors que la Confédération permet de renégocier les arrangements entre les instances du pouvoir, le Canada naissant prend maintenant en charge des fonctions autrefois assumées par Londres, dont la défense. Dans ce contexte, Londres signe en 1871 un traité avec les États-Unis permettant de créer une frontière pacifiée ce qui justifie le retrait, la même année, des dernières troupes britanniques cantonnées à Québec.

Par ailleurs, si le statut de ville de garnison a marqué le paysage et la vie de Québec pendant de nombreuses années, il a également entravé plusieurs aspects de son développement. En effet, la circulation y est longtemps difficile, limitée par les portes dont l'accès est contrôlé par les autorités militaires; une grande partie de l'espace constructible est réservée, de part et d'autre des fortifications, à la défense de la ville; un bon nombre de propriétés demeurent sous le contrôle de l'armée britannique; de hauts murs ceignent la ville, et des milliers de soldats y vivent.

Le déclin de la présence militaire, puis le départ des troupes créent des circonstances favorables à une relance économique. Les élites locales forment alors un comité tripartite qui propose un ensemble de mesures, désignées comme les *Quebec Improvements*. Les travaux d'aménagement qui s'ensuivent mobilisent, au cours des décennies suivantes, les trois paliers de gouvernement et auront des impacts durables sur la ville, y compris sur l'ensemble de l'arrondissement historique.

Parmi les principaux éléments du plan de réaménagement urbain proposé, il faut mentionner :

— le chantier du bassin Louise, lancé en 1877 et poursuivi jusqu'en 1890, qui doit permettre de repositionner les fonctions commerciale et portuaire de Québec;

— les travaux afin de fluidifier la circulation entre le Vieux-Québec et le reste de la ville, notamment par la démolition de certaines portes (Saint-Louis et Prescott en 1871, Hope et du Palais en 1873) et le percement de nouvelles voies d'accès. Le tramway, déjà présent à la basse-ville depuis 1865, reliera les deux parties de la ville après l'aménagement de la côte Dinan en 1897;

— l'arasement des murs, notamment le long de la rue des Remparts, donnant accès au paysage au-delà de la ville;

— la transformation des marchés et places. Le départ de l'armée libère le glacis : la Ville y aménage le marché Montcalm et la place D'Youville, ce qui permet de dégager la place devant la cathédrale;

— l'aménagement d'un parlement, siège du nouveau gouvernement. Au départ, on envisage de le bâtir sur le site du collège des Jésuites, qui est démoli pour ce faire. Toutefois, un incendie redonne à la ville le site où l'hôtel du Parlement actuel est érigé de 1877 à 1886. Le site, qui deviendra la colline Parlementaire, regroupe les activités politiques et administratives du gouvernement du Québec. Son aménagement est alors conçu en concordance avec le plan d'aménagement proposé par Lord Dufferin.

C'est dans le cadre du chantier de réaménagement en cours que Lord Dufferin (1826-1902), séduit par la beauté du site et le caractère pittoresque de Québec, propose un ensemble de mesures de préservation et de mise en valeur des fortifications, connues comme les *Dufferin Improvements*. Sur le plan politique, ces mesures font de Québec un témoin du lien unissant le Canada à l'Empire, tout en offrant à ce dernier une vitrine en Amérique. C'est d'ailleurs pour conforter cette relation symbolique et souligner la présence continue à Québec d'un représentant du roi depuis le Régime français que Lord Dufferin y établit dès son arrivée en 1872 sa résidence officielle d'été. Le bâtiment, construit dans l'enceinte de la citadelle en 1831, est agrandi, notamment par l'ajout d'une salle de bal et d'une verrière.

Dans les faits, Dufferin propose essentiellement de valoriser les fortifications par un compromis : on accepte le percement de nouvelles portes, mais on protège l'esplanade, qui sert toujours de lieu d'exercice pour les troupes. Conformément au programme de réaménagement de Québec, il suggère d'intégrer la dimension patrimoniale et paysagère au projet d'aménagement en proposant :

— l'extension de la terrasse Durham, ce qui était déjà envisagé, et l'aménagement d'une promenade le long des fortifications;

— la reconstruction de la porte Saint-Louis et la construction de la porte Kent, rappelant les châteaux forts français;

— la construction d'une résidence prenant l'allure d'un fort français pour le gouverneur général;

— la préservation des fortifications, notamment le long de l'esplanade, alors que le gouvernement fédéral avait décidé en 1873 de ne plus les entretenir.

Les propositions de Dufferin, qui doivent être financées en parts égales par les trois paliers de gouvernement, sont rapidement approuvées par les administrations provinciale et municipale, mais le gouvernement fédéral se fait prier. Après avoir abandonné l'idée de rebâtir le château Saint-Louis, projet jugé trop onéreux, on choisit d'entamer les travaux de reconstruction des portes et de préservation des murs en 1877-1878. Sur le plan architectural, l'intervention symbolise en quelque sorte l'union des peuples dans l'Empire : des murs anglais entre des portes d'inspiration française dont la désignation rappelle la France (porte Saint-Louis) et l'Empire (porte Kent). Par ailleurs, les portes deviennent rapidement des images fortes de Québec : dès le début des années 1880, on trouve des assiettes historiées les représentant.

La préoccupation naissante pour la préservation historique se manifeste également à l'occasion de la démolition du collège des Jésuites, qui amène quelques intellectuels, dont l'historien Faucher de Saint-Maurice, à prendre position. Les journaux de l'époque expriment le débat. Des fouilles archéologiques sur le site du collège sont alors ordonnées par le gouvernement et confiées à Faucher de Saint-Maurice. Dans son rapport, publié en 1879, non seulement il fait état de ses découvertes, mais il propose de préserver les vestiges et il suggère l'adoption d'une loi sur les fouilles archéologiques. Il en profite également pour décrier les transformations que subissent les fortifications, dont le caractère est modifié par les portes proposées par Dufferin.

En somme, si les propositions d'aménagement de Lord Dufferin suscitent la première intervention étatique canadienne dans le champ du patrimoine, le chantier archéologique du collège des Jésuites marque le début des préoccupations mémorielles du gouvernement du Québec.

L'édification de nouveaux bâtiments institutionnels façonne de manière importante l'arrondissement, en participant du rappel historique par leur architecture Second Empire ou Beaux-Arts. Les témoins de la volonté de redonner une image française à la ville sont multiples : le bureau de poste (1871); l'université (1854) — à laquelle on ajoute un toit mansardé en 1875 —; l'hôtel du Parlement (de 1877 à 1886); le palais de justice (1884), le manège militaire (1885), l'aile d'Aiguillon de l'Hôtel-Dieu (1892) et l'hôtel de ville (1896).

Le même rappel historique s'exprime dans le style du château Frontenac (1893) repris ensuite par les grandes compagnies ferroviaires canadiennes. Inspiré des châteaux français de la Loire, à l'instar des portes Kent et Saint-Louis, le château Frontenac dressé sur le promontoire de Québec évoque un passé médiéval français plutôt imaginé que réel. Bénéficiant du riche passé du site, qui a été un haut lieu du pouvoir pendant plus de 200 ans, l'hôtel reprend certains attributs du château Saint-Louis, mais dans un but commercial et touristique et devient une nouvelle icône de la ville.

Cette volonté de commémoration se traduit également par la multiplication de monuments et de statues, disséminés dans toute la ville, dont le monument de Champlain (1898). C'est cependant au cours des premières décennies du XXe siècle que l'inscription de la mémoire dans l'espace urbain prend vraiment de l'ampleur.

Par ailleurs, sur le plan de l'habitation domestique, on assiste à une diversification de styles architecturaux qui enrichit le paysage urbain global. Par exemple, l'arasement d'une partie des fortifications ayant dégagé des percées visuelles sur la haute-ville, on construit, dans une perspective d'embellissement, de fausses façades principales en bois ou en pierre. Celles-ci se retrouvent sur le bureau de poste, le mur pignon du presbytère de Notre-Dame, la cour intérieure et le mur latéral de l'archevêché ainsi que sur le mur latéral de l'Université Laval.

LA BASSE-VILLE

À la basse-ville, on assiste pendant la période 1871-1900 à une importante mutation du cadre bâti, due notamment au développement des fonctions portuaire et commerciale. Axé sur les activités portuaires, que ce soit pour le transport des passagers ou des marchandises, le secteur constitue un point nodal, une interface entre la ville et le monde. On y accueille les voyageurs, on y entrepose les biens, et le quartier est utilisé comme lieu de départ pour la distribution des produits. Par ailleurs, il sert aussi de lieu de marché et de distribution locale par l'entremise des halles et des marchands qui y sont installés.

C'est à ce moment que le quartier prend sa forme actuelle. Certes, il est frappé de plein fouet par le déclin du commerce du bois et des chantiers de construction navale, mais ce déclin se poursuit lentement pendant 30 ans. En 1862, les chantiers occupent encore 2 200 personnes; durant la période 1880-1890, ceux qui sont situés le long de la rue Champlain disparaissent. Leur départ libère des quais que l'on réaménage selon le plan de relance de la ville.

La ligne des quais se transforme. En effet, à partir des années 1860, la Commission du havre commence l'acquisition de quais et entrepôts entre la rivière Saint-Charles et la rue Saint-Antoine. On assiste également à la mutation de leur physionomie : à cause des dimensions de plus en plus importantes des bateaux à vapeur, les darses (à bassin ouvert, quadrangulaires, perpendiculaires ou obliques par rapport au rivage) n'offrant plus la surface suffisante pour les manœuvres sont peu à peu comblées. Cette avancée dans le fleuve permet l'accostage de navires avec un plus fort tirant d'eau tout en procurant davantage d'espaces pour le transbordement des marchandises et du charbon.

La nouvelle ligne des quais est complétée par la création de bassins en eaux profondes et l'installation d'équipements spécialisés — tels des élévateurs à grain en 1892 et en 1900 — de hangars et de voies ferrées permettant le transbordement. Le bassin Louise est mis en place entre 1877 et 1890, il s'agit d'un ouvrage majeur de génie civil.

Au carrefour de la ville et du port, à la tête du bassin Louise, vont s'établir les gares de chemins de fer (Quebec Northern, 1874; Quebec Lake St. John, 1890; Québec, Montmorency, Charlevoix, 1891), toutes disparues aujourd'hui. Au cœur de ce mouvement de biens et de personnes, Québec joue encore le rôle de port d'entrée principal des immigrants, dont plusieurs séjournent quelque temps dans la région avant de partir s'établir dans l'Ouest. Pour les accueillir, on construit sur le bassin Louise un bâtiment, aujourd'hui disparu.

La restructuration de l'espace du quartier permet également de terminer la trame urbaine qui prendra son allure actuelle, l'espace gagné sur le fleuve favorisant l'ouverture de rues. De plus, la nouvelle trame permet de désenclaver le quartier, notamment grâce au prolongement de la rue Dalhousie entre la rue Saint-Antoine et la rue du Marché-Champlain en 1877, ce qui ouvre un axe de communication permettant la traversée du quartier d'est en ouest. Complété par des accès reliant la rue Dalhousie à la rue Saint-Roch (appelée Saint-André en 1875) et à la haute-ville (prolongement de la côte de la Montagne jusqu'à la rue Dalhousie en 1890), cet axe assure une fluidité de communication qui permet au quartier de jouer un rôle commercial de premier plan.

Au total, au cours du XIXe siècle, la construction de quais, les travaux de remblayage et l'ouverture de rues font tripler l'étendue de la basse-ville et doubler sa superficie en façade sur le fleuve.

De son côté, la fonction de commerce de gros et de détail se développe de façon marquée durant cette époque. Apparaissent ainsi les principaux entrepôts, ce qui donne à la basse-ville sa perspective particulière. Les bâtiments de la rue Dalhousie en témoignent : Chinic, au 47 (1871) et au 57 (vers 1880); Amyot et Frères, au 45 (1871); Vallerand, au 67 (vers 1875); Thibaudeau et Frères, au 41-43 (1880); Garneau, au 71-73 (1892) ainsi que la caserne n° 5, au 103 (1893), (Roy 1998).

Des commerces s'installent aussi rue du Petit-Champlain, alors que la rue Saint-Pierre accueille banques et institutions financières, dont la Caisse d'économie au numéro 53 (1874). S'y étaient déjà établies la Banque Nationale (1862), la Banque de Québec (1863) et l'Union Bank of Lower Canada (1866). Les édifices de la rue Saint-Pierre témoignent concrètement de la vie économique de Québec au XIXe siècle : en 1899, on y trouve alors huit banques, une vingtaine de bureaux de représentants d'assurances et une dizaine de maisons de courtiers en valeurs, en plus de nombreux bureaux d'avocats et de notaires.

Cette vitalité favorise l'implantation d'entreprises d'information dont, à la place Royale, à l'emplacement du Parc de la Cetière, le journal *L'Électeur* à partir de 1882. Ce dernier est remplacé par *Le Soleil*, qui ne quittera le quartier qu'en 1928. On y trouve également la *Quebec Gazette*, *La Semaine commerciale* (à partir de 1894) et le *Chronicle Telegraph* (avant 1875).

Par contre, l'habitation se délabre. En 1893, le journaliste Arthur Buies décrit la basse-ville, comme un ensemble marqué par « la décomposition et la décrépitude sordide » :

> [On] y voit depuis des années, avec la même indignation et le même dégoût, les mêmes haillons en pierres et les mêmes loques en briques et en bois, monceaux informes, béants, éventrés, rongés face à une ligne de quais pourris et à d'autres pâtés de maisons hideux, vaguement troués d'ouvertures borgnes et chassieuses qui simulent des fenêtres, et aboutissant à une voie étroite, étouffée, qui passe en rampant le long du fleuve et se termine par une succession de débris, aux extrémités de la ville, vers le Cap Blanc et Sillery. (*L'Électeur*, mai 1893)

LA HAUTE-VILLE

La haute-ville est le lieu par excellence où se manifeste toute la volonté de réaménagement de l'époque. La plupart des grands chantiers des *Quebec Improvements* et des *Dufferin Improvements* s'y déroulent ou se situent sur son pourtour. Les fonctions politiques et de services s'y développent. Aux édifices institutionnels et commerciaux mentionnés plus haut, s'ajoutent le YMCA de la place d'Youville en 1878 et le pensionnat Saint-Louis-de-Gonzague, en 1898.

Après le départ de la garnison, deux tendances se dessinent quant à l'occupation du territoire. Première tendance, le quartier du palais de l'Intendant, au nord de la ligne virtuelle formée par la rue De Buade, la côte de la Fabrique et la rue Saint-Jean, voit fondre de 38 p. 100 le nombre d'unités d'habitation, conséquence de la hausse du nombre de commerces et de la présence de l'arsenal. Seconde tendance, dans le quartier Saint-Louis, situé au sud de la même ligne, la population diminue de 26 p. 100, alors que les unités d'habitation s'agrandissent et augmentent en nombre de près de 20 p. 100. De fait, l'espace constructible est largement occupé et, à l'exception du secteur autour de la rue Sainte-Geneviève, les interventions consistent principalement en des transformations de l'existant ou des substitutions sur des parcelles déjà construites.

L'ANALYSE TYPOLOGIQUE DE
L'ARCHITECTURE DOMESTIQUE

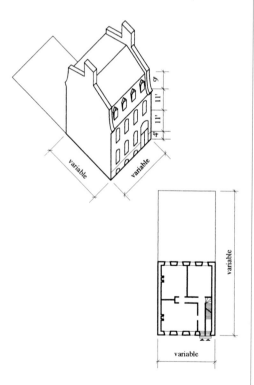

Source : Vallières (1999 : 137)

La maison de logements superposés (1870)

Le type de maison de logements superposés est celui qui se développe surtout dans les faubourgs de Québec. Ce type se retrouve également dans le Vieux-Québec, mais de manière dispersée. Il s'implante dans les lots restés vacants ou lorsque le remplacement d'une habitation existante est requis. De manière générale, son mode d'implantation, son élévation et sa configuration sont variables et s'adaptent tant au lot qu'au gabarit dominant dans le secteur.

Ce type d'habitation est marqué par plusieurs changements par rapport au modèle précédent. Tout d'abord, la structure spatiale diffère, marquée par une distribution verticale des unités résidentielles, qui se superposent et occupent l'ensemble de la superficie du plancher, et dont l'accès est latéral plutôt que central.

Le matériau de parement et de construction privilégié est la brique, alors que la toiture, inspirée par l'architecture des grandes institutions, est mansardée, une pratique qui se généralise à partir de 1885.

Peu de modèles de ce type d'habitation existent dans le Vieux-Québec; il s'agit notamment des 26-28, rue Saint-Denis (1870-1880) et des 33-35, rue Sainte-Angèle (1881). Cependant, son influence est réelle, car de nombreuses maisons mitoyennes existantes sont modifiées et subdivisées selon ce mode d'occupation.

EMPREINTES QUI SUBSISTENT DE LA PÉRIODE DE **1871** À **1900**

BASSE-VILLE
TRAME URBAINE

Rue Saint-André,
depuis la rue Saint-Pierre
vers le marché du Vieux-Port

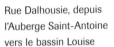
Rue Dalhousie, depuis
l'Auberge Saint-Antoine
vers le bassin Louise

Rue Vallière, de la rue Saint-Vallier Est
à la rue Saint-Paul

Côte de la Montagne,
prolongée jusqu'à la rue Dalhousie,
vue depuis cette dernière

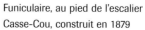

Funiculaire, au pied de l'escalier
Casse-Cou, construit en 1879

Ligne de quais de bois
dans le bassin Louise

Escalier de fer Charles-Baillairgé,
de la côte de la Montagne au passage
du Chien d'Or, construit en 1889

Escalier de fer du Cul-de-Sac,
du boulevard Champlain
à la rue du Petit-Champlain

Escalier de fer du Quai-du-Roi,
du boulevard Champlain à
la rue du Petit-Champlain

Escalier de fer Lépine, de la rue
Saint-Vallier Est à la rue Saint-Augustin,
construit en 1882-1883

Escalier de bois de la Canoterie, de la côte Dambourgès à la rue des Remparts

Escalier de bois des Glacis, de la rue Saint-Vallier Est à la rue des Glacis

Viaduc de la côte Dinan, de la rue Saint-Paul à la côte du Palais, construit en 1897

BASSE-VILLE
ENSEMBLES URBAINS

Ensemble d'entrepôts sur la
façade fluviale, rue Dalhousie

Bassin Louise, depuis la rue des Remparts
vers l'est, construit entre 1877 et 1890

BASSE-VILLE
ENSEMBLES URBAINS

Entrepôt Thibaudeau et frères, 165, rue du Marché-Finlay, construit en 1880

Caserne de pompiers n° 5,
113, rue Dalhousie,
construite en 1893

BASSE-VILLE
INSTITUTIONS BANCAIRES, RUE SAINT-PIERRE
TRAME URBAINE

Banque de Québec,
110, rue Saint-Pierre,
construite en 1863

Union Bank of Lower Canada,
54, rue Saint-Pierre, construite en 1866

Banque nationale,
71, rue Saint-Pierre,
construite en 1862

HAUTE-VILLE
TRAME URBAINE

Terrasse Dufferin, construite en 1878-1879

Élargissement vers la droite de la rue Saint-Jean,
vue depuis la porte Saint-Jean

Arasement des murs de fortifications du côté de la rivière Saint-Charles
dégageant la perspective sur les environs, vue depuis la batterie située
au bout de la rue Saint-Flavien vers l'est

Rue Pierre-Olivier-Chauveau,
de la côte de la Fabrique
à la rue Sainte-Anne

Place D'Youville, vers le nord-est

EMPREINTES QUI SUBSISTENT DE LA PÉRIODE DE 1871 À 1900
BASSE-VILLE
ENSEMBLES URBAINS

Hôtel du Parlement,
construit de 1877 à 1886

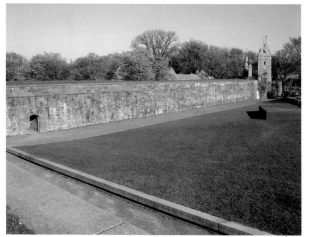

Préservation des fortifications,
vue extra-muros depuis le bastion
des Ursulines vers le sud

Préservation des fortifications, vue intra-muros
depuis le bastion des Ursulines vers le sud

EMPREINTES QUI SUBSISTENT DE LA PÉRIODE DE 1871 À 1900
HAUTE-VILLE
ÉLÉMENTS DU CADRE BÂTI

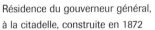

Résidence du gouverneur général,
à la citadelle, construite en 1872

Porte Kent, devenue Porte Dauphine,
construite en 1877-1878

Porte Saint-Louis, construite en 1877-1878

Bureau de poste, aujourd'hui édifice Louis-S.-St-Laurent,
3, passage du Chien d'Or, construit en 1871

Palais de justice, aujourd'hui
édifice Gérard-D.-Levesque,
12, rue Saint-Louis,
construit de 1883 à 1887

Hôtel de ville, 2, rue des Jardins,
construit en 1896

Monument Samuel de Champlain,
au bout de la rue Saint-Louis,
érigé en 1898

Château Frontenac,
aile de 1897, le long
de la terrasse Dufferin

Toit mansardé du Pavillon central de
l'Université Laval, construit en 1875

Cercle de la Garnison, à l'angle de la rue Saint-Louis et
de la côte de la Citadelle, réaménagé de 1891 à 1900

Pensionnat Saint-Louis-de-Gonzague,
980, rue Richelieu, construit en 1898

Fausse façade du bureau de poste,
depuis la côte de la Montagne

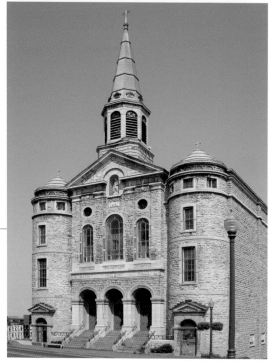

Église Saint-Vincent-de-Paul,
814, côte d'Abraham,
construite entre 1895 et
1898, démolie en 2006

Fausse façade du mur latéral de l'archevêché, depuis le parc Montmorency

Immeuble de logements multiples, 101-103, rue Sainte-Anne, construits entre 1875 et 1880

Fausse façade du mur pignon du presbytère de Notre-Dame-de-Québec, depuis le parc Montmorency

Résidence monumentale,
26-28, rue Sainte-Geneviève,
construite en 1870-1880

Résidence monumentale,
53, rue D'Auteuil,
construite entre 1875 et 1890

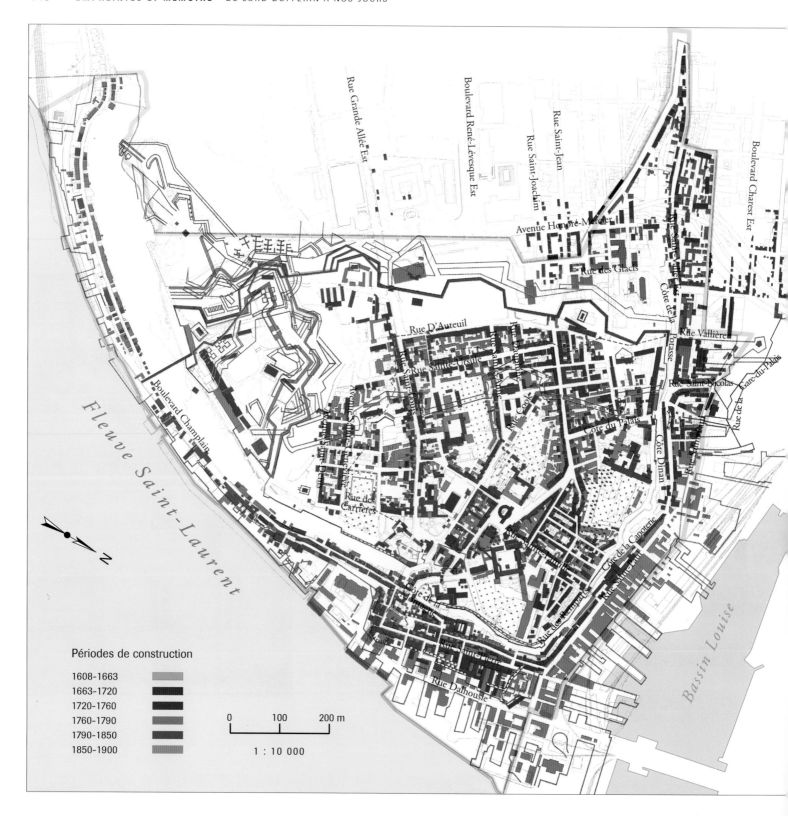

Fleuve Saint-Laurent

Bassin Louise

Rue Grande Allée Est

Boulevard René-Lévesque Est

Rue Saint-Joachim

Rue Saint-Jean

Boulevard Charest Est

Avenue Honoré-Mercier

Rue des Glacis

Côte de la Potasse

Rue Vallière

Rue D'Auteuil

Rue Sainte-Ursule

Rue Dauphine

Rue Cook

Rue Saint-Nicolas

Côte du Palais

Côte Dinan

Rue de la Gare-du-Palais

Boulevard Champlain

Avenue Sainte-Geneviève

Rue des Carrières

Côte de la Canoterie

Côte de la Montagne

Rue des Remparts

Rue Dalhousie

Rue Saint-Paul

Périodes de construction

1608-1663
1663-1720
1720-1760
1760-1790
1790-1850
1850-1900

0   100   200 m

1 : 10 000

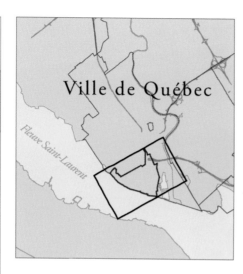

Évolution de l'occupation de l'arrondissement
historique du Vieux-Québec de 1608 à 1900

Cette carte représente une interprétation du résultat cumulé des superpositions d'une sélection de plans anciens pour chaque
période. Elle ne vise nullement à donner une localisation précise d'un bâtiment ancien et ne fait pas non plus référence, en général,
à l'âge du bâtiment qui existe toujours sur tel ou tel site. Cette carte veut plutôt donner une idée du développement chronologique
des différents secteurs de la ville, et donc de l'ancienneté des traces d'occupation que l'on risque d'y trouver aujourd'hui.

Source : Ville de Québec, août 1984
(La présentation visuelle a été modifiée afin de s'adapter à l'ouvrage).

Entre mémoire et progrès
de 1900 à 1945

▶ L'entrée de Québec dans le xxe siècle est marquée par une relance générale de la ville. L'industrie connaît une croissance certaine, alors que l'administration publique, les commerces et les services se multiplient. La population, à peu près stable de 1861 à 1901, recommence à croître. La proportion d'anglophones diminue et l'immigration se diversifie notamment avec l'arrivée des Chinois, qui ouvrent des buanderies sur plusieurs rues de Québec et se regroupent dans Saint-Roch (ancien quartier chinois). Cela se traduit par une expansion considérable de la ville, qui voit se développer ses quartiers périphériques, notamment les quartiers Limoilou et Montcalm. De pair avec cette expansion, la composition sociale de l'arrondissement se modifie : les couches aisées vont s'établir davantage à l'extérieur de l'arrondissement, notamment le long de la Grande Allée et du chemin Sainte-Foy. Sur le plan de l'habitat, cela se traduit par une demande plus forte pour des logements à bon prix, la construction d'immeubles d'appartements devient une bonne affaire.

L'étalement de la ville est favorisé par l'augmentation rapide du nombre d'automobiles et par le développement d'un réseau de transport en commun. L'arrondissement historique qui compte de nombreux commerces et bureaux voit se confirmer son rôle central. Le quartier Saint-Roch devient un pôle commercial majeur à l'extérieur de l'arrondissement. Le réaménagement des voies de circulation s'impose. Un premier plan, déposé en 1929, modifie les accès à l'arrondissement.

À la basse-ville, la fonction commerciale et bancaire est touchée par la crise de 1929, les entreprises déménagent ailleurs dans la ville, le cadre bâti se dégrade. Dès les années 1940, surgit l'idée d'une relance du quartier, idée qui ne se concrétisera que plusieurs années plus tard.

À la haute-ville, les fonctions commerciale et administrative sont maintenues. Le débat entourant l'édifice Price traduit une préoccupation grandissante pour la conservation du patrimoine. Une amorce de réglementation est tentée par l'administration municipale.

LA BASSE-VILLE

Au cours de cette époque, la basse-ville connaît une évolution contrastée. Jusqu'en 1929, le centre financier occupant la rue Saint-Pierre poursuit sa croissance, le commerce de gros et de détail est en santé et le port est en pleine expansion. Déjà présent depuis 1876, le transport ferroviaire, en plein essor au début du siècle, justifie la construction d'une nouvelle gare. On pense d'abord au site des halles Champlain, à côté de la maison Chevalier. Le projet est abandonné, et la gare Union est construite en 1915-1916 sur son site actuel, à proximité des quais et des installations portuaires, à l'extérieur du périmètre de l'arrondissement historique.

Parallèlement, la hausse des activités portuaires commande l'ouverture de nouveaux quais. De 1925 à 1931, on construit le terminal de l'Anse-au-Foulon pour répondre aux nouveaux besoins. Le centre bancaire et financier continue son développement. Sont alors construits rue Saint-Pierre : le Quebec Building en (1903) sur le site de la Quebec Fire Insurance; l'ancienne Banque d'Hochelaga au 132, (1901-1902); la Banque de Montréal, au 116, (1906); l'édifice Dominion, au 126, (1912) et la Banque Impériale du Canada, au 113-115, (1913). Ces bâtiments donnent au secteur son allure de centre financier. Les constructions sont accompagnées de nombreuses modifications architecturales, notamment des rehaussements (ex. : l'Union Bank est rehaussée et rénovée en 1897, tout comme la Banque Nationale le sera en 1921). Les dernières constructions d'édifices bancaires sont le Crédit foncier, en 1927, et le Financial Building, en 1929, tous deux situés côte de la Montagne.

Par ailleurs, des entrepôts et des commerces de gros continuent de s'établir à la basse-ville, dont l'entrepôt de la Commission des liqueurs, sis rue Dalhousie (1920-1930) et la Dominion Fish and Fruit, au 43-53, rue Saint-Paul (1910). Cependant, le rôle de centre de distribution des biens se modifie au tournant du siècle, principalement avec la disparition des halles (celles de Champlain sont incendiées en 1899, tandis que celles de Finlay sont démolies en 1906) et leur déplacement vers Saint-Roch.

Associés à la fonction commerciale et portuaire, le tourisme et l'hôtellerie se développent. Les hôtels prospèrent à la basse-ville : le Neptune Inn, ouvert en 1809, est relancé en 1901, mais il disparaît dans un incendie en 1922. De même, le Mountain Hill House, ouvert en 1855, est rénové et agrandi en 1906, mais il est détruit par le feu en 1948, alors que l'hôtel Blanchard, ouvert en 1844, est lui aussi agrandi en 1906.

La crise et les mutations de la vie urbaine frappent de plein fouet le quartier qui décline rapidement. On commence à s'intéresser au patrimoine et au cadre bâti, notamment autour de l'église Notre-Dame-des-Victoires. La campagne de refrancisation des années 1930 trouve ici une manifestation concrète. Une polémique survient autour du buste de Louis XIV, alors que le carré Notre-Dame est renommé « place Royale » en 1937. Quelques années plus tard, en 1942, l'hôtel Blanchard prend le nom de Louis XIV.

C'est également à cette époque qu'apparaissent les premiers projets de réaménagement de la basse-ville. En 1941, dans un mémoire au gouvernement libéral d'Adélard Godbout, le président de l'Association des architectes de la province de Québec suggère l'élaboration et l'implantation d'un programme de restauration, principalement dans le secteur de la place Royale, de même que l'application d'un plan d'ensemble pour la ville (Lebel et Roy 2000). Les conditions sont ainsi réunies pour une relance importante.

LA HAUTE-VILLE

Durant les premières décennies du XXe siècle, le rôle central de la haute-ville se poursuit et s'étend dans les mémoires québécoise et canadienne. Comme ailleurs, cette sensibilité se manifeste d'abord par l'aménagement de places publiques et de monuments dédiés aux grands personnages de l'histoire. La fabrication du paysage mémoriel prend son essor à la fin du XIXe siècle avec le monument dédié à Champlain et érigé en 1898. Pendant les 30 années suivantes, on assiste au dévoilement de plusieurs monuments dans le quartier. Aucun effort n'est négligé, comme le montre le cas du monument dédié à Mgr de Laval. Non seulement on n'hésite pas à démolir un pâté de maisons pour placer ce monument à un endroit stratégique, soit à l'une des entrées du quartier en haut de la côte de la Montagne, mais son dévoilement en 1908 est l'occasion d'une fête solennelle, présidée par le gouverneur général. Quelque 25 archevêques et évêques y sont réunis devant une foule estimée à plus de 50 000 personnes.

Plusieurs monuments sont dévoilés durant la première moitié du XXe siècle, tous situés à la haute-ville : ils commémorent Champlain (1898), la guerre des Bœrs (1905), Mgr de Laval (1908), le Tricentenaire de la foi (1916), Louis Hébert (1918), George-Étienne Cartier (1920), le cardinal Elzéar-Alexandre Taschereau (1923) et Marie de l'Incarnation (1942). Les aménagements des places publiques se teintent du souvenir, et les manifestations commémoratives se multiplient, comme en témoignent les célébrations tenues à l'occasion du tricentenaire de la fondation de Québec (1908).

L'importance de cette mémoire est telle qu'elle suscite la mise en place d'institutions étatiques, dont Québec est encore une fois le berceau, sur le plan tant fédéral que provincial. À l'occasion des commémorations du Tricentenaire, la Quebec Landmark Association est fondée pour assurer la sauvegarde des champs de bataille, tout à côté des fortifications. De son activité résultent deux actions décisives du gouvernement fédéral : d'une part, les plaines d'Abraham font l'objet de travaux de préservation puis d'aménagement, le tout sous l'autorité de la première institution fédérale dédiée à la mémoire, la Commission des champs de bataille nationaux du

Canada (CCBNC), mise sur pied en 1908. D'autre part, les membres de la Quebec Landmark Association joueront un rôle actif dans la fondation de la Commission des lieux et monuments historiques du Canada (CLMHC) en 1919. Pour sa part, le gouvernement du Québec crée dès 1922 la Commission des monuments historiques (CMH) et lui donne pour mandat de voir à la conservation des monuments et objets d'art historiques ou artistiques d'intérêt national. Enfin, du côté de la Ville de Québec, les autorités mettront sur pied en 1928 la Commission d'urbanisme et de conservation (CUC), dont la mission est de préserver le caractère patrimonial de la ville.

Malgré les pouvoirs limités confiés à ces instances étatiques, l'année 1929 voit naître l'amorce d'une préoccupation patrimoniale. La même année, la CMH classe l'église Notre-Dame-des-Victoires, décision suscitée par le début des travaux de restauration et la tenue de célébrations religieuses à l'église à l'occasion du Congrès marial. Elle restera le seul bâtiment classé à Québec jusque dans les années 1950.

Au même moment, deux débats vont amener la première prise de conscience de la valeur patrimoniale du quartier historique. Le premier débat concerne l'édifice Price. En 1929-1930, la papetière y fait construire un siège social de seize étages, de style Art déco, « gratte-ciel » inspiré de ceux de New York. La réalisation est confiée à la célèbre firme d'architectes Ross et Macdonald.

Quelques intellectuels et membres de la CUC s'insurgent contre la hauteur du bâtiment par le truchement d'un article paru dans *Le Terroir*. Une fois l'édifice construit, les protestations continuent et poussent l'administration municipale, en 1937, à limiter à 20 m la hauteur des édifices dans ce secteur de la haute-ville. En 1942, l'Association des architectes de la province de Québec prend toujours cet édifice à témoin des transformations négatives du quartier, que l'on veut garder intact.

En 1929-1930, un autre projet suscite également de l'inquiétude, soit celui de l'agrandissement du château Frontenac. Le projet impliquerait la démolition de tout un pâté de maisons. Membre de la Commission d'urbanisme et de conservation, le colonel William Wood suggère alors de conserver certaines maisons anciennes du Vieux-Québec, quatre au total, proposition appuyée par la Literary and Historical Society of Quebec qui va plus loin et demande à la fois un plan d'ensemble pour Québec et la préservation de toute la ville *intra-muros*, en soulignant qu'il ne suffit pas de sauvegarder des maisons isolées. Cependant, la réalisation du projet est abandonnée, ce dernier étant emporté par la crise des années 1930.

La préoccupation mémorielle se maintient durant les années 1930 grâce à une importante campagne de reconfiguration du cadre bâti, celle de la refrancisation. De fait, cette campagne sera la pierre angulaire de la politique touristique et culturelle du gouvernement du Québec jusqu'à la fin des années 1950. Lancée en 1932 par la Société des arts, sciences et lettres de Québec, la refrancisation veut redonner une « physionomie française » à la ville et à ses environs, puis à la province. Dénonçant l'américanisation de la ville, cet organisme et ses partenaires entendent revaloriser les traditions françaises et catholiques. Des personnalités de divers milieux, dont le premier ministre Taschereau et le maire Lavigueur, le clergé, des stations de radio, notamment CHRC, des journaux, tels *Le Soleil* et *L'Action catholique*, et des associations patriotiques joignent leur voix au mouvement qui gagne la province entière. Si au départ la campagne cible les enseignes commerciales et les raisons sociales, elle en vient rapidement à toucher l'ensemble de l'environnement construit et favorise la préservation de bâtiments qui affirment le caractère « français » de la ville. On cherche à mettre en valeur les éléments identitaires, ce qui entraîne l'émergence d'une sensibilité nouvelle dans la société.

Outre les témoins de l'architecture traditionnelle, on veut préserver l'ensemble du caractère français du Vieux-Québec. Au congrès de l'Association des architectes de la province de Québec en 1941, le président, J. Roxburgh Smith, prononce une conférence sur les menaces de décadence de la Vieille Capitale. Puis, de nouveau en 1942, à l'occasion de son congrès, l'Association déplore les transformations apportées à l'intérieur des murs de la haute-ville.

Peu à peu, les pressions forcent l'administration municipale à se donner des pouvoirs plus importants. En 1939, la charte de la Ville de Québec est modifiée pour permettre au conseil municipal d'intervenir dans le domaine de la préservation historique. Le nouveau règlement interdit la démolition de vieilles maisons et offre des mesures de contrôle des réparations ou reconstructions — sous réserve de l'approbation des propriétaires. Faute de fonds, de telles normes administratives ne sont pas appliquées. En 1943, la CUC est dotée de nouveaux pouvoirs : elle est désormais en mesure de refuser tout projet de construction dont le traitement architectural apparaît comme déficient ou manque de symétrie. Cependant, malgré ses nouveaux pouvoirs, la Commission reste limitée dans ses actions.

C'est au cours de ces années que — prenant le Vieux-Québec à témoin — s'élaborent les politiques de commémoration et de préservation historique des divers gouvernements.

Les transformations du paysage bâti de la partie haute de la ville sont surtout associées aux institutions et aux services qui s'y trouvent, ce qui confirme son rôle de centre institutionnel. C'est le cas notamment des services éducatifs et de santé dont les établissements sont agrandis. On construit : les ailes Richelieu et Précieux-Sang de l'Hôtel-Dieu en 1930; le pavillon des classes du Séminaire, au 27-41, rue Sainte-Famille, en 1919-1921; le pavillon des sciences commerciales des Frères des écoles chrétiennes au 20, rue Pierre-Olivier-Chauveau, en 1927. La fonction culturelle s'affirme également avec l'implantation d'édifices monumentaux, dont l'Auditorium en 1903, (qui deviendra le Capitole), et les bâtiments de style Art déco que sont le cinéma Empire (dont il ne subsiste que la façade), construit vers 1930 au 24, côte de la Fabrique et le palais Montcalm, construit en 1931-1932, pour lequel on aménage alors la place D'Youville.

Sur le plan commercial, si l'implantation de l'édifice Price (1929-1930) correspond à une affirmation symbolique, il faut noter cependant que la pression pour la construction de tels immeubles de bureaux est stoppée par la crise, le centre financier demeurant à la basse-ville. Cependant, le tourisme se développe et favorise l'édification d'hôtels à la haute-ville, dont la construction en style Art déco du pavillon d'entrée de l'hôtel Clarendon en 1929, au 57, rue Sainte-Anne, et de l'hôtel Victoria, vers 1930, rue Saint-Jean.

Le développement des fonctions commerciale et institutionnelle de même que la multiplication des automobiles forcent à revoir le réseau de communication. Tout comme l'avait été la rue Saint-Jean à la fin du XIXᵉ siècle, les voies d'accès que sont les côtes d'Abraham et du Palais sont élargies en 1929 en vertu d'un plan d'ensemble. Se rajoutent également les côtes Samson et Dinan.

L'ANALYSE TYPOLOGIQUE DE L'ARCHITECTURE DOMESTIQUE

L'immeuble de logements vers 1900

La pression urbaine favorisait jusqu'alors la subdivision des résidences existantes, intervention qui est parfois incompatible avec les structures permanentes. L'immeuble de logements résout cette contradiction, tout en reflétant l'influence américaine des tenements. Ce type occupe la presque totalité de la parcelle, compte trois étages en plus du rez-de-chaussée, est doté d'un toit plat et d'un chauffage central. La façade présente un caractère uniforme.

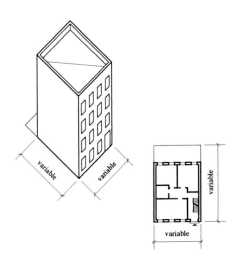

Source : Vallières (1999 : 142)

EMPREINTES QUI SUBSISTENT DE LA PÉRIODE DE **1900** À **1945**

BASSE-VILLE
ÉLÉMENTS DU CADRE BÂTI

Banque d'Hochelaga, 132, rue Saint-Pierre,
construite en 1901-1902, et à droite, édifice Dominion,
126, rue Saint-Pierre, construit en 1912

Ensemble de banques et d'institutions financières sur la rue Saint-Pierre,
vues depuis la côte de la Montagne vers le bassin Louise

Gare du Palais, construite en 1915-1916

Banque Impériale du Canada,
113-115, rue Saint-Pierre,
construite en 1913

Crédit foncier, avec sa façade
étroite de style « château »,
72, côte de la Montagne,
construit en 1927

Banque de Montréal,
116, rue Saint-Pierre,
construite en 1928

Canadian Imperial Bank of Commerce, 139, rue Saint-Pierre, construite en 1906

Entrepôt de la Commission
des liqueurs, ancêtre de la
Société des alcools du Québec,
construit en 1924

Centre communautaire chinois établi
au 617, rue Saint-Vallier Est en 1944,
vestige de l'ancien quartier chinois

Financial Building,
105, côte de la Montagne,
construit en 1929

EMPREINTES QUI SUBSISTENT DE LA PÉRIODE DE 1900 À 1945

HAUTE-VILLE
TRAME URBAINE

Place D'Youville, vers le nord-ouest

Élargissement de la côte du Palais,
vue depuis la rue Saint-Jean,
travaux effectués en 1929

Élargissement de la côte d'Abraham,
vue depuis la terrasse du complexe Méduse,
travaux effectués en 1929

EMPREINTES QUI SUBSISTENT DE LA PÉRIODE DE 1900 À 1945
HAUTE-VILLE
ENSEMBLE URBAIN

Glacis de la citadelle sur les Plaines d'Abraham

EMPREINTES QUI SUBSISTENT DE LA PÉRIODE DE 1871 À 1900
BASSE-VILLE
MONUMENTS COMMÉMORATIFS
ENSEMBLES URBAINS

Monument à Mgr François de Laval,
devant le bureau de poste, érigé en 1908

Monument aux Braves de la guerre des Boers,
près de la porte Saint-Louis, érigé en 1905

Monument du Tricentenaire de l'établissement de la foi,
à la place d'Armes, érigé en 1916

Monument à Louis Hébert,
au parc Montmorency,
érigé en 1918

Monument à George-Étienne Cartier,
au parc Montmorency, érigé en 1920

Monument au cardinal
Elzéar-Alexandre Taschereau,
à la place de l'Hôtel-de-Ville,
érigé en 1923

Monument à Marie de l'Incarnation,
rue du Parloir, érigé en 1942

EMPREINTES QUI SUBSISTENT DE LA PÉRIODE DE 1871 À 1900

BASSE-VILLE
BÂTIMENTS INSTITUTIONELS ET COMMERCIAUX
ÉLÉMENTS DU CADRE BÂTI

Reconstruction de la
basilique-cathédrale de
Notre-Dame-de-Québec,
20, rue De Buade,
de 1923 à 1928

Pavillon des classes du Séminaire,
27-41, rue Sainte-Famille,
construit de 1919 à 1921

Ailes Richelieu et Précieux-Sang de l'Hôtel-Dieu,
depuis la côte du Palais, construites en 1930-1931

Théâtre Capitole,
972, rue Saint-Jean,
construit en 1903

Édifice Price, 65, rue Sainte-Anne, construit en 1929

Pavillon des sciences commerciales de l'Académie commerciale,
aujourd'hui édifice Jean-Baptiste-De La Salle,
20, rue Pierre-Olivier-Chauveau, construit en 1927

Hôtel Clarendon,
57, rue Sainte-Anne,
construit en 1930

Hôtel Victoria,
1110, rue Saint-Jean,
construit en 1927

Palais Montcalm,
995, place D'Youville,
construit en 1931-1932

Édifice de logements, 825, côte d'Abraham, construit en 1929

Vers l'arrondissement historique, de 1946 à 1963

De 1945 à 1963, la ville de Québec connaît d'importantes mutations de son environnement construit, changements associés à la construction de bâtiments d'architecture moderne, à la croissance des banlieues et à l'explosion de la circulation automobile. Les mutations du cadre de vie urbain inquiètent une partie de l'élite nationale, notamment en ce qui a trait aux transformations sociales en cours et à leur impact sur l'identité. Pour y faire face, les gouvernements mettent alors sur pied des commissions royales d'enquête qui se penchent sur la culture, soit la commission Massey pour le Canada et la commission Tremblay pour le Québec.

Combinées aux transformations du cadre bâti, ces préoccupations se traduisent par des débats de plus en plus nombreux à propos de la préservation du patrimoine et des mesures légales requises. À Québec, la croissance économique et démographique, l'afflux touristique et des besoins identitaires renouvelés contribuent à créer une pression accrue sur le cœur historique de la ville. Dès 1948, la CUC admet que la détérioration et la destruction des sites historiques du Vieux-Québec sont les problèmes les plus urgents auxquels elle est confrontée.

Au cours des années qui suivent, une série de discussions vont amener la population de la ville et du Québec dans son ensemble à reconnaître à certains bâtiments, puis au Vieux-Québec tout entier, le statut de patrimoine national. Ce faisant, les discussions qui concernent l'arrondissement historique, de par leur retentissement national, en viennent à influencer les politiciens. Ainsi, la loi de 1956 — qui attribue de nouveaux pouvoirs d'expropriation à la CMH — réagit aux débats tenus à Québec pendant la période 1945-1956. Un consensus émerge : considérant l'intérêt national de certaines habitations dont l'architecture est d'inspiration française, il revient à l'État d'en assurer la protection. Par la suite, de 1957 à 1963, la sensibilité accrue au sujet du patrimoine suscite des reconstructions ou des restaurations sous la direction notamment de la CMH. De nouvelles prises de position mènent à un autre consensus en 1963 : le quartier doit être protégé dans son ensemble par une intervention directe de l'État. Pour ce faire, la *Loi sur les monuments historiques* est modifiée et, en novembre 1963, un premier arrondissement historique est créé : celui de Québec.

Comme auparavant, l'évolution du cadre bâti connaît une histoire différenciée : alors qu'à la haute-ville les débats s'animent sur différents projets d'édification et de démolition, à la basse-ville s'élabore le projet de « restauration » du secteur de la place Royale. Ce programme se veut la concrétisation de la refrancisation dont le gouvernement du Québec se fait le défenseur.

Sur le plan démographique, on assiste de 1941 à 1961 à une décroissance (6,7 p. 100) de la population du Vieux-Québec (10 996 en 1941 contre 10 252 en 1961). Au cours de la même période, la population de la ville de Québec croît peu, passant de 150 757 à 171 979 résidents, contrairement à la population de l'ensemble de la zone métropolitaine, qui augmente de 200 814 à 357 568 habitants. Au total, de 1941 à 1966, le poids relatif du Vieux-Québec dans l'ensemble de la population de la région passe de 4,9 à 2,2 p. 100, alors que le nombre de jeunes ménages et de jeunes adultes (25-34 ans) y chute fortement (Comité de rénovation et de mise en valeur du Vieux-Québec 1970 : 89-90).

Enfin, un autre enjeu concerne l'inscription du quartier dans la trame urbaine globale. Parallèlement à la reconnaissance du Vieux-Québec comme arrondissement historique, l'affirmation du rôle de capitale se traduit par une valorisation croissante de la colline Parlementaire. Au début des années 1960, alors que la Révolution tranquille s'amorce, la rupture entre les deux quartiers s'accentue : à côté du Vieux-Québec, qui témoigne du passé, se dresse un « Nouveau Québec », comme le consacre l'expression de l'époque, où l'avenir est inscrit dans l'espace et où la rupture entre les deux marque la trajectoire passée et future de la collectivité.

LA BASSE-VILLE

Après 1945, la vie économique de la basse-ville est marquée par une certaine stagnation. Bien que la crise de 1929 ait atténué son rôle de pôle financier, la basse-ville continue à accueillir commerces et bureaux, desservant non seulement la ville, mais aussi l'est du Québec. De plus en plus, la basse-ville se définit comme siège des affaires, du commerce de gros et le point de concentration des études d'avocats (Lamontagne 1947 : 52). Si le déclin du port après 1945 entraîne un ralentissement certain de la vie du quartier, cette fonction commerciale persiste et ne disparaît qu'au cours des années 1960. Par ailleurs, le quartier continue d'accueillir de nombreux touristes.

C'est pour l'habitation que la situation se dégrade particulièrement. En 1947, la basse-ville n'a presque pas d'habitants fixes, sauf quelques groupes de familles très pauvres logées dans les pires taudis de la ville en des ruelles collées à la falaise (Lamontagne 1947 : 2). Cela suscite de grands projets de rénovation urbaine. Une commission d'enquête sur le logement, la Commission Martin, est formée et souligne, dans son rapport publié en 1962, que « c'est vraiment la partie de Québec la plus insalubre et la moins apte à l'habitation familiale » (Commission Martin 1962 : 217).

Dans ce contexte, les projets de « restauration » de la basse-ville élaborés au cours des années 1940 prennent forme au début des années 1950. En juillet 1950, l'urbaniste Jacques Gréber et l'architecte Édouard Fiset, mandatés par la Ville de Québec pour produire un premier plan d'urbanisme, précisent au président de la CUC qu'« il est permis d'envisager dans un avenir rapproché la possibilité de restauration de toute cette section immédiatement au pied de la Terrasse et de la Citadelle afin d'en faire un élément d'attrait et lui redonner une valeur touristique qu'elle n'aurait pas dû perdre » (Archives de la Ville de Québec).

On s'intéresse rapidement à l'hôtel Chevalier (aujourd'hui maison Jean-Baptiste-Chevalier). En 1951, Gérard Morisset, alors responsable de l'inventaire des œuvres d'art, en propose la restauration à la CMH. Dans le quotidien *La Patrie* du 1er mars 1953, Morisset, devenu secrétaire de cette même Commission, écrit ce qui suit :

> Si nous avions un peu de respect pour l'œuvre de nos ancêtres, nous restaurerions ce charmant hôtel et l'habitation voisine, celle de l'orfèvre Pagé; du même coup, nous donnerions aux propriétaires voisins l'idée de restaurer leurs maisons.

Sa proposition étant restée sans suite, il la réitère à l'automne 1955. La Commission abonde enfin dans son sens et demande au gouvernement du Québec, dirigé par Maurice Duplessis, d'acquérir le bâtiment. C'est alors que la CMH est investie du pouvoir d'exproprier certains monuments historiques en 1956, ce qui lui permet d'acquérir la maison et d'en commencer la restauration dès 1957.

La restauration de la maison Chevalier est envisagée, selon Morisset, de telle sorte « que les touristes et les Québécois [...] pourront continuer à se faire une idée brillante de notre architecture d'autrefois » (J. Monnier, *L'Événement-Journal*, 23 février 1956). Exemple concret de la refrancisation souhaitée, la « restauration » concerne davantage la présentation d'une image glorieuse du passé français que l'authenticité historique. En effet, à partir de trois habitations anciennes, on donne à l'ensemble une allure prestigieuse d'hôtel particulier français qu'il n'a jamais eue. De plus, on greffe une entrée monumentale sur ce qui était à l'origine l'arrière des maisons. Cela change ainsi complètement l'orientation du bâtiment. Présentée comme un modèle que devraient imiter les propriétaires du quartier, la restauration, terminée en 1962, constitue le premier jalon de la reconstruction du secteur de la place Royale qui se fera sous l'influence de la CMH.

LA HAUTE-VILLE

La haute-ville connaît elle aussi une redéfinition de sa vocation. Le quartier latin se vide de sa population étudiante au moment du déménagement de l'Université Laval sur le campus de Sainte-Foy au début des années 1960. La perte de 5 000 jeunes gens, dont une partie résidait dans le quartier, est lourde de conséquences pour le Vieux-Québec. D'autant plus que les jeunes couples préfèrent désormais la quiétude des banlieues pour élever leurs enfants. La fonction résidentielle décline au profit de la fonction touristique et de divertissement.

De 1945 à 1963, plusieurs débats surviennent relativement aux fonctions centrales du quartier. Que ce soit l'expansion de l'Hôtel-Dieu, la construction d'hôtels ou d'immeubles de bureaux ou encore l'aménagement de parcs de stationnement, les projets débattus démontrent bien que la pression urbaine est importante sur le quartier. Par ailleurs, ces discussions vont permettre d'élaborer une perception partagée, à savoir que l'ensemble de l'arrondissement historique — du moins la partie intra-muros — a une valeur patrimoniale globale.

Le premier des débats qui ont mené à la création de l'arrondissement historique concerne l'image d'ensemble du quartier. Sur le site de l'hôtel Lorraine, face à l'hôtel de ville rue des Jardins, un promoteur entend édifier un nouvel hôtel de sept à dix étages. De 1948 à 1954, le projet connaît maintes péripéties, car il exige une dérogation à la hauteur permise par le règlement municipal et la démolition de l'hôtel Lorraine, construit au XIXe siècle, ainsi que d'une maison d'architecture française datant du XVIIIe siècle, appelée aujourd'hui maison Antoine-Vanfelson. Pour les promoteurs, la Chambre de commerce de Québec et le conseil municipal, il s'agit d'un élément du progrès économique et touristique de la ville. Par contre, la CUC ainsi que la Société des architectes du district de Québec dénoncent la demande de dérogation, qu'elles considèrent comme une menace pour le quartier, alors que d'autres, dont des journalistes et la Société historique de Québec, s'inquiètent plutôt du sort réservé à la maison Vanfelson. Finalement, l'hôtel Lorraine est démoli et la dérogation accordée, mais le projet est abandonné, non sans avoir attiré l'attention publique sur la nécessité de préserver l'image d'ensemble du quartier. La maison Vanfelson est épargnée.

Le deuxième débat survient à la même époque. L'Hôtel-Dieu a besoin d'expansion et, s'il avait été envisagé de déménager l'hôpital en 1939, on entend plutôt l'agrandir afin de continuer de jouir de la proximité de l'Université Laval (qui demeure au centre-ville jusqu'en 1960) et de la gare du Palais. Annoncé en 1952, le projet implique la démolition de tout un pâté de maisons dans le quadrilatère des rues Charlevoix, Couillard, Collins et Hamel, ce qui va susciter des protestations. Un premier comité ad hoc est formé et fait signer une pétition, alors que de nombreuses lettres, provenant de citoyens et d'associations, sont envoyées au conseil municipal. Cependant, plusieurs considèrent les bâtiments à démolir comme sans valeur, puisqu'ils sont postérieurs au Régime français. Après avoir commencé la démolition, l'hôpital modifie son projet en 1954 et décide de construire le long de la côte du Palais un édifice de douze étages. La nécessaire dérogation au zonage est accordée en avril 1954 par un vote unanime du conseil municipal. Cependant, l'érection du bâtiment en 1955-1956 suscite de nombreuses critiques, en particulier quant à sa masse imposante et à son architecture jugée trop moderne. Pour d'autres, ce nouvel édifice est un symbole du progrès de la ville. Cependant, lorsqu'en

1959, on démolit le pavillon d'Aiguillon pour compléter le projet, l'unanimité est acquise : on ne construira plus de bâtiments de la hauteur du nouveau pavillon de l'Hôtel-Dieu dans le Vieux-Québec.

Le troisième débat qui attire également l'attention en 1955-1956 porte sur le projet de démolition de la maison Jacquet, connue aujourd'hui sous le nom de François-Jacquet-Dit-Langevin, située au coin des rues Saint-Louis et des Jardins et qui date du XVIIe siècle. En 1955, son propriétaire veut la remplacer par un immeuble de bureaux.

À l'initiative de la CMH, une rencontre des associations qui s'intéressent à la préservation historique est organisée. La CUC refuse le projet, le propriétaire conteste cette décision auprès de la Cour supérieure. Devant le danger de démolition, des mesures s'imposent, ce qui amène le Gouvernement à adopter la loi de février 1956 qui permet à la CMH d'acquérir ou d'exproprier « tout immeuble historique présentant un caractère national ». Des négociations s'engagent et, en 1957, la CMH acquiert la maison. Elle en entreprend la restauration dès 1958.

À la grandeur du Québec, la presse prend position et souligne le besoin de se donner les outils nécessaires à la préservation des bâtiments historiques. Dans un éditorial publié dans *Le Devoir* du 29 novembre 1955, Pierre Vigeant écrit :

> Il n'est pas exagéré de dire que le Vieux-Québec constitue le patrimoine commun de tout le Canada français. C'est pourquoi les Québécois doivent compter sur la collaboration du gouvernement provincial.

La préoccupation patrimoniale émergente se traduit alors par des demandes plus pressantes d'intervention. Gérard Morisset et *L'Action catholique* demandent que soit déclaré monument historique l'ensemble du Vieux-Québec. Toujours en 1956, le rapport Gréber (un projet de plan d'urbanisme pour Québec rédigé par Jacques Gréber, Édouard Fiset et Roland Bédard) demande de protéger l'ensemble du Vieux-Québec, car sa valeur est « nettement due à sa qualité urbaine et non à la réussite architecturale intrinsèque des œuvres prises individuellement » (Gréber *et al.*, 1956 : 52). Soulignant le caractère national des enjeux de sa préservation, il propose que la CMH puisse désigner le Vieux-Québec comme arrondissement historique et qu'elle soit dotée de pouvoirs lui permettant d'approuver les plans de réparation ou de reconstruction, d'en partager le coût et d'acquérir ou d'exproprier des bâtiments historiques.

Dotée de ses nouveaux pouvoirs et dans la mesure de ses moyens, la CMH multiplie acquisitions et restaurations dans le Vieux-Québec. Elle intervient notamment dans le cas de la maison Fornel (aujourd'hui maison Louis-Fornel). De même, l'intervention fédérale — décriée comme insuffisante dans le rapport de la commission Massey — s'accélère, mais elle ne porte toutefois que sur ses propres propriétés ou se déroule après accord avec un organisme.

En 1958, la CLMHC signe une entente avec la Chambre de commerce de Québec en vue de la restauration de la maison Maillou, rue Saint-Louis, pour redonner au bâtiment son aspect de la fin du XVIIIe siècle et ainsi rehausser « l'image française » du Vieux-Québec. Il s'agit d'un des premiers partenariats envisagés dans la foulée du rapport Massey. Au même moment, le service canadien des parcs nationaux prend à sa charge divers sites dans l'arrondissement, possédant dès 1958 davantage de propriétés foncières dans la région immédiate de Québec que la CCBNC, alors que l'on prévoit faire de Québec un site majeur du réseau pancanadien en émergence.

Notons que la sensibilité nouvelle est également favorisée par l'intérêt de certains groupes envers le patrimoine, comme la Chambre de commerce de Québec, et par la formation de comités voués à sa protection, dont la Société de conservation du Vieux-Québec.

Les projets de réaménagement connaissent une certaine vigueur en 1960. Après que Paul Gouin, président de la CMH, eut envisagé de confier la restauration et la reconstitution de l'ensemble du quartier à une fondation, un autre organisme, soit le Comité pour la conserva-tion des monuments et sites historiques, fondé en 1960 par le père Georges-Henri Lévesque, joue un rôle important. Il propose de « restaurer » le Vieux-Québec à l'image de la maquette de Duberger, une maquette de l'ensemble du Vieux-Québec réalisée au début du XIXe siècle. Comme le propose Charles Michaud, urbaniste à la Ville de Québec et membre du comité, il s'agit de reconstituer des édifices anciens, de remettre à neuf, « à la mode du temps », des bâtiments anciens encore debout et de démolir des structures « de construction plus récente, [qui] choquent et rompent l'harmonie » (Charles Michaud, *L'Action catholique*, 7 juillet 1962).

Par son activité, ce comité attire l'attention sur les besoins de réaménagement du Vieux-Québec. Cependant, considérant l'immensité de la tâche, il propose de concentrer les efforts d'abord sur les secteurs de la place Royale et de la rue Saint-Louis. Faute de financement, ce comité laisse la place à la CMH qui interviendra concrètement. Les acquisitions ont lieu — en 1963, la Commission est propriétaire de 10 des 19 maisons classées comme monuments historiques à Québec — et les « restaurations », comme on appelle alors toutes les interventions sur le cadre bâti, se multiplient.

À la basse-ville, l'intérêt de la CMH pour le secteur de la place Royale mène au premier plan d'ensemble, élaboré en 1960 par l'architecte André Robitaille dont la maison Fornel, reconstituée de 1961 à 1964, en forme le premier maillon. En 1963, Robitaille soumet à la Commission un nouveau projet, qui concerne cette fois tout le Vieux-Québec. Outre une réglementation d'ensemble, l'architecte propose le réaménagement complet, sur 15 ans, d'une grande partie du quartier historique, en commençant par le secteur de la place Royale et de la rue Saint-Louis.

Pendant ce temps, les débats sur la sauvegarde du quartier se poursuivent. En 1962, le projet de construction d'un édifice contemporain à l'angle des rues Saint-Jean et Pierre-Olivier-Chauveau suscite la controverse, notamment sur l'intégration de bâtiments contemporains dans le Vieux-Québec. La Chambre de commerce de Québec, la Société historique de Québec et certains journalistes considèrent que le projet ne respecte pas suffisamment l'image « typiquement vieille ville française » du quartier et entraîne la démolition de bâtiments significatifs, en particulier l'ancienne bijouterie de Cyrille Duquet. D'autres voix, par exemple, celles de la CMH et de la CUC, soutiennent au contraire que les trois maisons qui doivent être démolies ont peu d'intérêt et que le bâtiment prévu s'intègre bien à l'ensemble. Finalement, le projet est accepté. Le débat a toutefois mis en évidence le besoin d'une vision globale du quartier et favorisé l'adoption d'une loi pour préserver la totalité du quartier tout en amenant la Ville à étudier, en 1962-1963, une refonte du règlement de zonage du Vieux-Québec.

À la même époque, pendant que la discussion sur l'édifice Chauveau se poursuit, cinq projets de construction de parcs de stationnement sont annoncés dans le Vieux-Québec. L'un d'eux, celui du château Frontenac, impliquerait la démolition de maisons sises le long des rues Haldimand et Mont-Carmel, tandis qu'un autre, soutenu par l'Association des marchands de la rue Saint-Jean, impliquerait la démolition d'habitations situées dans le quadrilatère bordé par les rues Sainte-Angèle, Saint-Stanislas et Saint-Jean ainsi que par l'ancien temple Wesley, qui abrite alors l'Institut canadien. Conformément à une certaine conception du patrimoine bâti, la CMH ne s'oppose pas à ce dernier projet, car, à l'exception des maisons de la rue Saint-Jean, elle considère comme sans valeur les bâtiments devant être démolis. Ceux-ci ont été construits pour la plupart au XIXe siècle.

L'ensemble de ces projets suscite une réponse globale. Une coalition d'organismes, désignée sous le nom de Groupe d'amis du Vieux-Québec, exige non pas une protection à la pièce, mais celle du quartier dans son ensemble. En même temps, la reconnaissance du quartier comme patrimoine national implique une autre conclusion, celle d'une prise en charge par l'État. En mai 1963, ces propositions font consensus. Peu après, l'Assemblée législative vote à l'unanimité un amendement à la loi permettant de créer le premier arrondissement historique, ce qui est fait dès novembre. Une nouvelle page est tournée.

EMPREINTES QUI SUBSISTENT DE LA PÉRIODE DE 1946 À 1963

BASSE-VILLE
TRAME URBAINE

Restauration de la maison Jean-Baptiste-Chevalier,
50, rue du Marché-Champlain, travaux exécutés
de 1955 à 1962

Restauration de la maison
Louis-Fornel, 9-11, place Royale,
travaux exécutés en 1962

EMPREINTES QUI SUBSISTENT DE LA PÉRIODE DE 1945 À 1963
HAUTE-VILLE
ÉLÉMENTS DU CADRE BÂTI

Édifice Chauveau, dans la cour intérieure
de l'édifice Jean-Baptiste-De La Salle,
20, rue Pierre-Olivier-Chauveau,
construit en 1962

Restauration de la maison Maillou, 17, rue Saint-Louis,
travaux exécutés en 1959

Aile moderne de l'Hôtel-Dieu,
depuis la côte du Palais,
construite de 1956 à 1959

Édifice Bell Canada,
930, rue D'Aiguillon,
construit vers 1950

Restauration de la maison François-Jacquet-dit-Langevin,
34, rue Saint-Louis, travaux exécutés en 1958

Le patrimoine et le milieu urbain, de 1963 à 1985

▶ De 1963 à 1985, les débats sur le Vieux-Québec se poursuivent, en particulier sur sa mise en valeur. Sous l'égide de l'État, on entreprend alors la reconstruction de parties complètes du quartier.

Au sein de l'arrondissement historique, la sensibilité patrimoniale se traduit par la mise en œuvre d'un vaste chantier de restauration, qui va marquer l'ensemble du cadre bâti. Par exemple, l'effort de restauration se traduit par de nombreux travaux pendant la période 1970-1975 : sur un total de 1 048 bâtiments, 40,9 p. 100 d'entre eux ont subi des travaux, pour la plupart de restauration. Cette pratique est plus élevée à la haute-ville (47,7 p. 100) qu'à la basse-ville (22,9 p. 100) (Pluram 1975 : 35), alors que l'on compte peu de constructions neuves (17 au total, dont 7 à la place Royale). En 1975, la campagne de restauration est plus que jamais sous les auspices de l'État, car 55 bâtiments restaurés ou en voie de l'être l'ont été par l'un ou l'autre ministère. Cette donnée indique bien l'importance des préoccupations quant aux méthodes et aux perspectives adoptées en vue d'effectuer des interventions sur le cadre bâti. Ainsi, les restaurations « exemplaires » entreprises par le ministère des Affaires culturelles, qui mettent l'accent notamment sur la période de la Nouvelle-France, donnent pendant un certain temps le ton à l'ensemble.

Dès les années 1970, la question des sites incendiés ou vacants de même que la qualité des espaces publics attirent l'attention. Des investissements publics sont rapidement réalisés en ce qui a trait aux infrastructures et au mobilier urbain, principalement à la haute-ville, où 50 p. 100 des rues sont l'objet de travaux de 1970 à 1975, dont l'aménagement de parcs et l'enfouissement des fils électriques (Pluram 1975 : 70). Concernant les sites vacants ou incendiés, un programme de requalification — le Programme d'aide à la restauration des sites incendiés ou abandonnés (PARSIA) — est mis en œuvre quelques années plus tard, avec d'autres, notamment le programme *Intra-muros*, le Programme d'aide à l'assainissement des arrière-cours (PANAC) en vigueur de 1980 à 1992 et la Politique d'intervention sur les biens culturels (PIBC).

Pendant ce temps, aux abords de l'arrondissement historique, le paysage urbain se transforme radicalement, que ce soit par des démolitions (l'ancien quartier chinois dans Saint-Roch et aux abords de l'hôtel du Parlement) ou la construction d'autoroutes et d'édifices modernes. Parmi ces mutations, il faut mentionner d'abord l'aménagement de la colline Parlementaire, dont font partie la construction de l'édifice Marie-Guyart et d'autres bâtiments, de même que l'ouverture du boulevard Saint-Cyrille, aujourd'hui René-Lévesque, et à laquelle est associée la mise en place du réseau d'autoroutes actuel. D'autres constructions, dont la canalisation de la rivière Saint-Charles, contribuent également à marquer Québec du sceau de la modernité. Ces changements suscitent un engagement plus important des citoyens envers leur environnement urbain. Au cours des années 1970, les débats majeurs qui surviennent imposent une redéfinition du patrimoine bâti : désormais, il ne s'agit plus seulement de préserver l'image française du Vieux-Québec, mais plutôt de mettre en valeur la richesse patrimoniale, toutes époques ou tous types de bâtiments confondus, de l'ensemble du bâti ancien de Québec. La nouvelle *Loi sur les biens culturels* de 1972, qui remplace la loi de 1922, traduit cette nouvelle vision.

Encore une fois, les débats mettent en lumière la nécessité d'un plan d'ensemble et d'une gestion cohérente du cadre bâti. En ce qui a trait au plan d'ensemble, il est exigé dès le début des années 1960, demande réaffirmée par la CMH en 1965-1966. L'effort nécessaire de synthèse et de planification entraîne la formation d'un comité, qui publie en 1970 le *Concept général de réaménagement du Vieux-Québec*. Ce rapport dresse un bilan de l'évolution historique du quartier et énonce des pistes pour l'avenir. Premier exercice du genre, le document souligne qu'il faut conserver l'habitation dans le quartier pour en faire un lieu vivant. Cependant, ce rapport est aussi un reflet de son temps, car il propose de construire un centre commercial dans les bâtiments de la côte de la Fabrique et de régler le problème criant relié au stationnement. La recherche d'une gestion intégrée et globale se poursuit au début des années 1970. Dans la foulée du *Concept*, une amorce de plan d'ensemble est lancée en 1975 et le premier rapport sera présenté la même année.

Par la suite, les études et les programmes se multiplient : notons la parution du premier plan directeur pour la basse-ville en 1984. Parallèlement, l'administration municipale joue un rôle de plus en plus actif dans la gestion de l'arrondissement historique. D'ailleurs, des modifications à la *Loi sur les biens culturels* sont adoptées en 1978 afin de permettre des ententes-cadres avec les villes. Une telle entente est signée en 1979 entre le ministère des Affaires culturelles et la Ville de Québec, dont les pouvoirs de gestion s'accroissent avec la mise sur pied en 1979 de la Division du Vieux-Québec. En somme, de nouveaux outils et de nouvelles responsabilités permettent de faire face aux enjeux qui surgissent.

Par ailleurs, l'arrondissement historique est inscrit sur la Liste du patrimoine mondial, en décembre 1985. Cette inscription constitue un point tournant à plusieurs égards. Il marque d'abord, comme le mentionne le représentant de l'Unesco en juillet 1986 lors du dévoilement du monument soulignant l'événement, la reconnaissance de l'action commune pour sa préservation. Ce délégué précise que « le jury n'a fait que reconnaître toute l'action de la conservation d'une communauté pour préserver son patrimoine » (Rudy Le Cours, *Le Devoir*, 4 juillet 1986). Toutefois, il y a plus. En l'inscrivant sur la Liste, les autorités situent Québec dans le vaste mouvement international de prise de conscience envers le patrimoine. Cette dimension mondiale, émergente à l'époque, implique également des responsabilités, comme le mentionne le délégué de l'Unesco : « Les Québécois sont maintenant comptables devant la conscience universelle de la conservation de leur ville. » (Marcel Collard, *Le Soleil*, 4 juillet 1986). De fait, l'inscription s'est traduite par une valorisation importante du territoire et a favorisé, ultérieurement, une action internationale en matière de gestion des quartiers historiques et des villes patrimoniales.

LA BASSE-VILLE

De 1963 à 1985, la basse-ville connaît d'importants changements. On s'intéresse d'abord au grand chantier de la place Royale. Lancé en 1966, le projet fait l'objet d'un bilan important en 1978. Par la suite, les années 1980 voient surgir nombre de projets d'envergure qui touchent la presque totalité du quartier. En fait, cette partie de l'arrondissement historique connaît une telle importance que la basse-ville est l'objet, en 1984, du premier plan directeur de même que d'une refonte du zonage. Il en résulte une requalification urbaine majeure.

En 1965, considérant les nombreux emplacements vacants et les maisons abandonnées, la Chambre de commerce de Québec met sur pied la Société de la place Royale de Québec, vouée à la rénovation du quartier. Vu l'importance symbolique du secteur, le gouvernement du Québec décide de prendre en main le chantier et lance le projet la place Royale en 1966. Après s'être porté acquéreur de 18 bâtiments, le gouvernement s'affirme encore davantage en 1967 par l'adoption d'une loi qui fait de la place Royale un chantier d'État. La loi définit un territoire englobant 64 maisons ou édifices que l'on entend réaménager par la mise en valeur des traces du Régime français.

À partir de 1970, l'intervention du gouvernement du Québec s'accentue, soutenue par le gouvernement fédéral, qui investit quelque 17 millions de dollars en vertu d'un programme de développement touristique. Cinq ans plus tard, lorsque le gouvernement fédéral se retire du projet, 8,2 millions de dollars ont été effectivement engagés. Malgré de nouvelles acquisitions et l'ouverture d'autres chantiers, ce n'est qu'en 1973 qu'une orientation d'ensemble est adoptée pour le projet la place Royale. Démarré en trombe en 1970, le projet transforme radicalement les lieux : en 1978, le gouvernement du Québec a déjà restauré 9 des 60 immeubles qu'il possède, en a reconstitué 17 et prévoit des travaux sur 44 autres bâtiments, pour l'essentiel des démolitions suivies de reconstitutions.

Or, cette intervention connaît des critiques croissantes à partir de 1973-1974. On dénonce les démolitions massives — surtout à compter de 1973 — pour faire place à la reconstitution de bâtiments anciens, l'accent mis sur la période du Régime français, au détriment de l'évolution ultérieure, et la diminution constante du nombre de résidents. Ce débat suscite en 1978 la tenue d'audiences publiques et d'un colloque de réorientation de l'intervention gouvernementale. On y constate l'échec du projet et l'on remet en cause l'approche de reconstruction architecturale adoptée arguant qu'il conviendrait plutôt de tenir compte de l'évolution historique du secteur. En même temps, on reconnaît la nécessité d'en faire un quartier habité et davantage intégré aux projets de développement urbain. À la suite de cette réflexion, le projet la place Royale est quelque peu mis en veilleuse. On entend alors délester l'État de propriétés acquises dans le secteur, alors que commence un processus de transformation en logements des bâtiments qui abritaient auparavant magasins et grands entrepôts.

Tirant profit des débats qui surviennent à propos de la place Royale, le secteur du Petit-Champlain connaît une tout autre évolution. Regroupés en association, les résidents ont acquis et rénové de nombreux bâtiments avec l'aide publique, action complétée par la création de parcs publics. Ainsi, de 1977 à 1984, il y a eu restauration de 25 bâtiments. L'animation urbaine y est favorisée par la cohabitation de commerces, d'ateliers et de résidences.

Plusieurs projets d'importance sont conçus dès les années 1970, mais ils ne démarrent finalement qu'au début des années 1980. Ainsi, de 1982 à 1986, les investissements immobiliers totalisent 187,9 millions de dollars à la basse-ville, soit presque le quart du budget que la Ville accorde à ce poste. De plus, 59 p. 100 des investissements à la basse-ville proviennent des institutions ou du gouvernement.

À proximité de la place Royale, l'îlot de la maison Guillaume-Estèbe est le lieu, à partir de 1984, des travaux de construction du futur Musée de la civilisation, apport majeur dans le paysage urbain de la basse-ville. Seulement une partie du plan initial est toutefois réalisée, le projet prévoyait au départ un second pavillon sur le quai en face du Musée.

Le Vieux-Port fait aussi l'objet de travaux considérables. Ce territoire de 33 ha, adjacent à l'arrondissement historique, est devenu avec le temps une friche urbaine, les activités portuaires s'étant déplacées ailleurs, sauf pour certains transbordements, à l'Anse-au-Foulon. Dès le milieu des années 1970, on prévoit y faire d'importants travaux, notamment le réaménagement du bassin Louise et du secteur de la Pointe-à-Carcy. Les travaux sont complétés partiellement pour accueillir des milliers de visiteurs à l'occasion des fêtes de Québec 1984. C'est ainsi que le bassin Louise est creusé et aménagé en marina, que la Pointe-à-Carcy est transformée en espace public avec la mise en place de l'agora et l'édification d'un grand centre commercial à partir d'anciens hangars reliés par des passerelles. De plus, on prévoit mettre la dernière main à ces aménagements en transformant un ancien hangar frigorifique en stationnement intérieur et en construisant, à la périphérie du bassin Louise, des édifices abritant pas moins de 700 logements. Ces deux derniers projets seront finalement abandonnés.

Dans la zone à la tête du bassin Louise, jouxtant l'arrondissement historique, trois chantiers importants voient le jour au début des années 1980 : 1) la construction du Marché du Vieux-Port, réalisée en 1985; 2) l'édification de la gare intermodale, qui implique la restauration de la gare du Palais, le réaménagement du site (terminé en 1985) et la construction ultérieure de l'édifice de la Société de l'assurance automobile du Québec (SAAQ); et 3) la construction du palais de justice, inauguré en 1983.

L'intérêt pour la basse-ville se traduit également, à partir du début des années 1980, par des projets de restauration et de transformation importants, tels que l'entrepôt Thibaudeau (1985-1986), surtout dans le secteur de la place Royale et de la rue Saint-Pierre. De même, on s'intéresse particulièrement à la restauration de l'îlot Saint-Nicolas, près du palais de l'Intendant : évoqué dès 1979, le projet de restauration lancé en 1984 touche pas moins de 24 bâtiments.

Ces efforts se concrétisent en une augmentation importante de logements : de 1982 à 1986, 230 logements s'ajoutent aux 285 existants. La croissance démographique est également au rendez-vous : alors que le nombre de résidents décline de 2 500 à 630, entre 1951 et 1981, il augmente de 36,2 p. 100 après 1981 pour atteindre 858 personnes, en 1986.

LA HAUTE-VILLE

Le décret de l'arrondissement historique en 1963 et son élargissement en 1964 ne mettent pas *ipso facto* la haute-ville à l'abri des transformations et des démolitions. Le premier grand débat concerne d'ailleurs un projet gouvernemental. En 1963, le gouvernement achète l'hôtel Saint-Louis et des habitations des rues Saint-Louis, Mont-Carmel et Haldimand, qu'il entend démolir pour faire place à un agrandissement de l'annexe du palais de justice, érigée dans les années 1920-1930. En 1965, après avoir d'abord rejeté le projet, la CMH donne son accord de principe. Cependant, la controverse éclate et la Commission doit revoir sa décision. Le projet est finalement abandonné, mais l'hôtel Saint-Louis n'en a pas moins été démoli à la fin des années 1960, laissant place pendant plusieurs années à un parc. Le projet d'expansion stoppé, on envisage de déménager le palais de justice. La décision est prise en 1979 et le nouveau bâtiment, situé à proximité de l'arrondissement, ouvre ses portes en 1983.

Des débats concernent aussi le pourtour du Vieux-Québec, en particulier la place D'Youville. En 1964, le projet de construction de l'édifice de onze étages de la Banque Royale, qui implique la démolition de l'hôtel Montcalm, est déjà en marche lorsque le périmètre de l'arrondissement historique est élargi, sans toutefois toucher cette partie de la place D'Youville.

L'intégration de bâtiments contemporains fait couler beaucoup d'encre, notamment au moment de la construction du pavillon Carlton-Auger de l'Hôtel-Dieu et des parcs de stationnement publics (à la place D'Youville et sous l'hôtel de ville) réalisés au début des années 1970 dans la foulée du *Concept général de réaménagement du Vieux-Québec*.

C'est cependant la question de la restauration qui entraîne les plus importantes mobilisations. Alors que le chantier de la place Royale prend son essor, toute la question de l'approche de la restauration devient significative, car l'État se veut exemplaire. En 1970, le principal chantier dont il est question dans le *Concept* concerne la rue Saint-Louis, un des projets mis en évidence par le Comité pour la conservation des monuments et sites historiques fondé par le père Georges-Henri Lévesque. Les travaux proposés font figure de projet initial. Par la suite, on note des transformations surtout dans l'axe commercial (rue Sainte-Anne, côte de la Fabrique et rue Saint-Jean) et au sud de cette zone (Pluram 1975 : 46).

Un autre grand chantier est lancé dès les années 1970 avec le projet du parc de l'Artillerie, chantier qui se poursuit jusqu'au début des années 1980 avec la restauration de la redoute Dauphine en 1982-1983. Cependant, la problématique des Nouvelles Casernes, transformées en parc de stationnement pour l'Hôtel-Dieu, reste entière. De fait, l'axe de la côte du Palais, autrefois porte d'entrée de la vieille ville, perd son rôle de pivot, une fois l'autoroute Dufferin-Montmorency construite, alors que la basse-ville périclite.

Le rôle central et touristique du Vieux-Québec *intra-muros* favorise toujours le développement du commerce, ce qui suscite des modifications fonctionnelles. De 1970 à 1975, 20 commerces et 10 bureaux s'y ouvrent, dans des lieux provenant à 56 p. 100 de logements transformés, alors que, pour accommoder les nouvelles populations, le nombre de logements augmente, non par construction, mais par subdivision des grands logements (Pluram 1975 : 57). La pression commerciale est présente particulièrement dans l'axe rue Saint-Jean—côte de la Fabrique—rue Sainte-Anne, où en 1988 plus de 200 lieux de commerce sont installés ou se situent à proximité. La vitalité commerciale est également associée à la croissance du flot touristique, celle-ci imposant d'importantes pressions sur le territoire qui se manifestent notamment, durant les années 1970, par la prolifération de bars et d'équipements touristiques.

Parallèlement, le rôle des résidents s'accroît. Ils s'organisent en comité et font valoir que, pour être vivant, l'arrondissement historique doit être habité par une population diversifiée. Ils s'inquiètent notamment de l'augmentation des équipements touristiques. En réponse à cette préoccupation, la Ville adopte en 1977 un règlement de zonage (numéro 2474), qui restreint les usages commerciaux au rez-de-chaussée des zones commerciales et qui interdit l'implantation de nouveaux bars à la haute-ville dans le secteur du Vieux-Québec. Le développement se poursuivra par la suite sur la Grande Allée. Une mesure similaire sera adoptée en 1984 pour la basse-ville. On veut ainsi redonner sa place à la fonction résidentielle et permettre une mixité des fonctions essentielles à la vitalité urbaine. Les résultats apparaissent au début des années 1980 : si la population de la haute-ville passe de 5 230 habitants en 1971 à 3 450 en 1981, elle connaît une légère hausse en 1986 pour atteindre 3 525 résidents. La population y est constituée davantage de gens aisés qu'ailleurs : en 1981, près des trois quarts des ménages sont composés d'une seule personne, et l'on y trouve une population hautement scolarisée (39,6 p. 100 ayant fait des études universitaires) dont le statut est à l'avenant (la population est composée à 9,6 p. 100 de personnel de direction et à 39,4 p. 100 de professionnels).

Outre son économie touristique, la haute-ville constitue un lieu de travail actif. On y trouve des immeubles de bureaux importants : en 1988, 12 p. 100 de la surface libre dédiée à cette fonction dans l'ensemble de la ville se trouve à la haute-ville, principalement à la place D'Youville.

Un point essentiel demeure la question de l'équilibre fonctionnel, c'est-à-dire l'usage du territoire pour en faire un espace vivant et habité. Pour faire suite au déménagement du palais de justice en 1983, on entreprend des travaux de restauration et d'aménagement dans le bâtiment qu'il occupait précédemment. La vocation administrative est conservée. À proximité, l'îlot Mont-Carmel, espace jadis convoité lorsqu'il était question d'agrandir l'annexe du palais de justice, est reconnu dès 1970 dans le *Concept* comme un site constructible — un des rares dans l'arrondissement — pouvant accueillir de nouveaux logements. Il faudra cependant attendre 1996, après la démolition de l'annexe en question, pour y construire des logements.

EMPREINTES QUI SUBSISTENT DE LA PÉRIODE DE 1963 À 1985

BASSE-VILLE
TRAME URBAINE

Le Vieux-Port réaménagé,
vue de la terrasse Dufferin

EMPREINTES QUI SUBSISTENT DE LA PÉRIODE DE 1963 À 1985

BASSE-VILLE
ENSEMBLES URBAINS

Place Royale restaurée
vue vers le nord-est

Quartier Petit-Champlain restauré,
vue depuis l'extrémité sud de la rue
du même nom

Îlot Saint-Nicolas, vue depuis l'intersection de
la rue Saint-Paul et de la rue Saint-Nicolas

Îlot Saint-Nicolas restauré, vue depuis la place de la Gare

EMPREINTES QUI SUBSISTENT DE LA PÉRIODE DE 1963 À 1985

BASSE-VILLE
ÉLÉMENTS DU CADRE BÂTI

Restauration de l'entrepôt Thibaudeau,
165, rue du Marché-Finlay,
travaux exécutés en 1985-1986

Îlot de la maison Guillaume-Estèbe restauré,
vue depuis la rue Saint-Pierre

Restauration de la gare du Palais,
travaux exécutés en 1985

Palais de justice,
300, boulevard Jean-Lesage,
construit en 1983

Marché du Vieux-Port,
construit en 1985

HAUTE-VILLE
ENSEMBLE URBAIN

Restaurations sur la rue Saint-Louis

EMPREINTES QUI SUBSISTENT DE LA PÉRIODE DE 1963 À 1985
HAUTE-VILLE
ÉLÉMENTS DU CADRE BÂTI

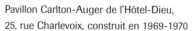

Pavillon Carlton-Auger de l'Hôtel-Dieu,
25, rue Charlevoix, construit en 1969-1970

Édifice de la Banque Royale,
700-710, rue D'Aiguillon,
construit en 1965

Préservation de la maison
Antoine-Vanfelson,
13-17, rue des Jardins,
travaux exécutés au
début des années 1970

Stationnement de l'hôtel de ville

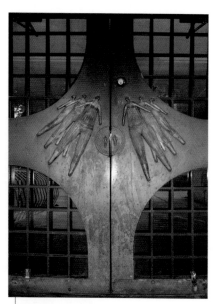

Détail des portes
du stationnement
de l'hôtel de ville

Restauration de l'Ancien palais de justice, aujourd'hui édifice Gérard-D.-Levesque,
12, rue Saint-Louis, travaux exécutés en 1983

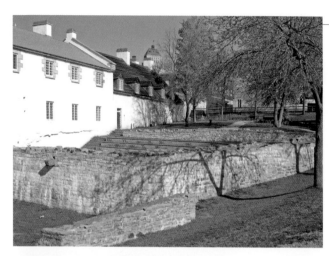

Parc de l'Artillerie,
redoute Dauphine
restaurée et accessible
aux visiteurs,
2, rue D'Auteuil

Parc de l'Artillerie, fonderie de l'Arsenal réaménagée
en centre d'interprétation abritant notamment le
fameux plan-relief de Québec réalisé en 1808,
2, rue D'Auteuil

De nouvelles approches globalisantes
de 1985 à 2006

▶ Le milieu des années 1980 marque une mutation dans l'arrondissement historique, principalement dans sa gestion et dans sa perception. On assiste à l'élaboration d'approches qui tentent de l'appréhender globalement. Ce changement est suscité par trois facteurs convergents, soit la reconnaissance d'une responsabilité collective à l'égard de la communauté mondiale, les nécessités de la gestion d'un territoire urbain en évolution ainsi que la complexification de la notion de patrimoine, qui s'harmonise désormais avec les concepts de paysage et d'aménagement urbain.

Les approches globalisantes doivent également être adaptées à la réalité du territoire de l'arrondissement historique. Trois facteurs y concourent. Le premier facteur se traduit par la mise en place de documents d'orientation du développement de l'ensemble ou d'une partie de l'arrondissement historique. Depuis 1970, de nombreux acteurs réclament ce type d'outil, mais sans succès. Enfin, en 1984, un plan d'ensemble pour la basse-ville est conçu et modifié par un « plan image » rendu public en 1993. Par ailleurs, la Ville de Québec élabore en 1987-1988 un plan directeur d'aménagement qui mobilise largement le public : à l'échelle de la ville, 4 000 citoyens participent à des assemblées où sont déposés 103 mémoires. La discussion sur le développement envisagé de la ville et de ses quartiers a d'importantes répercussions, car elle permet d'élaborer une perception commune du territoire patrimonial.

Le deuxième facteur concerne la gestion du cadre bâti. Si l'arrondissement est soumis, de par la loi, au contrôle de l'État, la Ville de Québec y joue un rôle prépondérant par l'entremise d'ententes-cadres intervenues entre le ministère des Affaires culturelles et la Ville. Au partage des responsabilités dans la gestion de l'arrondissement historique correspond un ensemble de programmes et d'interventions, déterminés et financés conjointement par la Ville de Québec et le ministère des Affaires culturelles, (aujourd'hui, ministère de la Culture et des Communications). Des millions de dollars sont ainsi investis soit dans la plupart des projets structurants, soit dans les différents programmes de restauration, ou dans la mise en valeur et l'interprétation des lieux.

D'importants efforts sont ainsi consentis pour la préservation de l'ensemble du cadre bâti de l'arrondissement et plus spécialement de son caractère habité, un enjeu de taille pour assurer son développement ultérieur. Déjà, de par le statut d'arrondissement historique, un soutien financier était offert aux propriétaires par le MCCQ en ce qui a trait à la préservation de l'enveloppe extérieure des bâtiments et un soutien élargi à l'intérieur du bâtiment dans le cas des biens classés. Au cours des années 1980, d'autres programmes conjoints voient le jour. Considérant que l'arrondissement comprend de nombreux sites incendiés, abandonnés, délabrés ou vacants, différents programmes sont lancés, dont les principaux sont le PARSIA — désigné aujourd'hui sous le nom de Programme *Intra-muros* —, le Programme d'aide à l'assainissement des arrière-cours (PANAC), appliqué de 1980 et 1992 et la Politique d'intervention sur les biens culturels (PIBC).

Ces programmes de subvention ont permis, à la fin des années 1980, la restauration, la reconstruction ou la construction sur des sites abandonnés. Ces travaux ont assaini l'arrondissement, en éliminant la majorité des structures les plus dangereuses et dévalorisantes, tout en offrant place à de nouveaux logements : entre 1992 et 2000, par exemple, plus de 512 unités de logement se sont rajoutées.

De plus, la Ville de Québec et le MCCQ ont instauré en 1987 le programme *Maître-d'œuvre* pour aider les propriétaires à entretenir et restaurer leur bâtiment en conservant les éléments patrimoniaux significatifs : les ouvertures traditionnelles, les toitures de tôle à baguette ou à la canadienne, les corniches, les murs et les clôtures de maçonnerie, les revêtements extérieurs (bois, enduits, métal), les façades commerciales et les gouttières. Depuis la mise sur pied de ce programme, outre le maintien et le développement de la fonction résidentielle, le paysage urbain s'est grandement amélioré.

Le modèle de gestion urbaine, développé pour le Vieux-Québec, s'impose à l'échelle internationale. En effet, c'est à Québec que se tient en 1991 le premier colloque international des villes du patrimoine mondial. Il donnera naissance, en 1993, à l'Organisation des villes du patrimoine mondial (OVPM), dont le siège est logé au cœur même de l'arrondissement historique.

Le troisième facteur favorisant une approche plus globale est certes la sensibilité collective et l'engagement des citoyens et des résidents à préserver et à mettre en valeur le Vieux-Québec. Cette appropriation se traduit bien sûr par la mise en place de comités et de coalitions, mais de nouvelles formes de participation surgissent aussi. Ainsi, dès 1978, un comité consultatif est mis sur pied pour assister l'administration municipale dans la gestion de l'arrondissement historique (un comité similaire existe pour la place Royale). De plus, les consultations publiques ou semi-publiques se multiplient, qu'il s'agisse de débattre de plans d'ensemble (1987, 1993) ou de questions sectorielles (1989, 1991, 1993, 2000, 2003, etc.).

En général, ces mesures assurent un respect important du cadre bâti. Les préoccupations pour un quartier vivant se traduisent également par une hausse de la population, qui atteint 4 937 résidents (excluant le secteur du Cap-Blanc) en 2001. L'augmentation est davantage marquée à la basse-ville, où la population a presque doublé en 15 ans : elle est passée de 858 personnes en 1986 à 1 719 en 2001. À la haute-ville, si la population a plutôt diminué pendant la période 1986 - 2001, soit de 3 525 à 3 218 résidents, elle connaît tout de même un léger accroissement de 1996 à 2001.

LA BASSE-VILLE

Depuis 1985, tout comme pour la période précédente, c'est à la basse-ville et sur le pourtour de l'arrondissement historique que les principaux chantiers s'installent. Des débats soulèvent encore une fois plusieurs nouvelles questions : l'accès au fleuve, la préservation des paysages et des perspectives, la densification du territoire. Les sensibilités patrimoniales s'enrichissent.

Le chantier de l'aménagement de la place Royale connaît une pause au cours des années 1980 en raison des compressions budgétaires et des cas de privatisation alors en vogue. Cela se traduit par la vente de plusieurs immeubles du secteur appartenant au gouvernement. En même temps, on cherche la meilleure position à adopter sur le devenir de ce patrimoine. L'incendie de la maison Hazeur en 1990 relance l'idée de terminer la restauration de la place Royale. De 1991 à aujourd'hui, les échanges sont nombreux. En 1993 et en 1996, la CBCQ, appuyée par divers comités, propose à la population de réfléchir et de tenir des discussions publiques sur le plan d'ensemble à adopter. En 1996, la Société de développement des entreprises culturelles (SODEC), gestionnaire des lieux, crée la Commission de la place Royale pour élaborer un plan de développement respectueux du cadre de vie, favorisant une fréquentation accrue et une animation plus dynamique du quartier. On insiste alors sur la mise en valeur de l'îlot 4, soit les bâtiments adossés à la côte de la Montagne, puis sur la reconstruction des maisons Hazeur et Smith. On discute également de la place à accorder à l'habitation et à l'interprétation de même que de l'approche architecturale à privilégier. En mars 1997, après un concours public national, le projet retenu pour la reconstruction des maisons Hazeur et Smith comprend un édifice neuf derrière la maison Smith et la façade incendiée de la maison Hazeur. Terminé en 1999, le nouveau bâtiment abrite huit logements et un centre d'interprétation. Reportée à plus tard, la discussion sur l'avenir global du secteur demeure ouverte.

En 2000, la SODEC adopte un plan de développement de la place Royale, qui propose de parachever les restaurations, de réaménager les espaces publics et de mettre en valeur le site. Dans ce contexte global, la SODEC amorce alors une réflexion sur la valorisation de la fonction commerciale, notamment sur le plan architectural (Noppen et Morisset 2003). Cependant, ni les orientations ni les propositions soumises ne faisaient consensus au moment d'écrire ces lignes.

Bien qu'il jouxte l'arrondissement historique et soit partie prenante de l'évolution historique du territoire, le Vieux-Port a été exclu de l'arrondissement historique en 1963-1964. Tout comme le développement de la basse-ville a nécessité, avant le XXᵉ siècle, une extension de l'espace par des aménagements gagnés sur le fleuve, le réaménagement de l'ensemble de la basse-ville s'étend, à partir des années 1980, sur ce territoire qui lui est contigu. Lancée notamment par les travaux d'aménagement du Vieux-Port, exécutés pour les fêtes de Québec 1984, la restauration du secteur fait par la suite l'objet de débats majeurs.

De 1986 à 1994, puis de nouveau en 2001-2002, la réalisation de différents projets provoque des échanges passionnés. On s'intéresse d'abord à la privatisation des rives. L'édification des Terrasses du Vieux-Port en 1986 et les projets d'immeubles résidentiels à l'entrée du bassin Louise entraînent les premières interrogations portant sur les perspectives visuelles, mais aussi sur le caractère public de l'accès au fleuve, que ces projets menacent de privatiser.

Prévu au départ sur les rives du bassin Louise, le projet IMAX met le feu aux poudres et suscite un mouvement de protestation au sein de la population : en 1988, 800 citoyens participent à une assemblée consultative, tandis qu'une coalition de plus de 55 organismes se forme contre le projet en cours. Une plainte est alors adressée à l'Unesco, les opposants considérant que l'implantation d'une salle de cinéma IMAX menace la préservation du site du patrimoine mondial.

Devant une opposition croissante, le gouvernement fédéral impose un moratoire au développement envisagé et met sur pied un comité consultatif. Dans son rapport publié en 1989, ce comité fait état du consensus pour faire de Pointe-à-Carcy un parc public et établit les principes devant guider l'avenir du secteur, et notamment celui du respect des perspectives visuelles et de l'environnement naturel et urbain.

En 1991, IMAX convoite un autre emplacement de la Pointe-à-Carcy. Une pétition recueille la signature de 6 700 opposants et plusieurs groupes visés demandent à l'Unesco d'examiner le projet. En juillet 1992, ICOMOS souligne l'insuffisance du processus de consultation dans ce dossier et les qualités esthétiques douteuses du projet qui, selon l'organisme, « peuvent sans doute être améliorées ». Le mois suivant, le ministère de la Défense nationale annonce une nouvelle construction dans le même secteur, celle de l'École navale, projet aussitôt contesté. Des consultations publiques ont lieu, mais après quelque temps, le projet IMAX est relocalisé ailleurs dans la ville. Quant à l'École navale, ayant finalement reçu l'adhésion du public, elle est construite peu après.

Tous les débats portent, entre autres, sur le « redéveloppement » possible à la périphérie de l'arrondissement historique, en particulier sur la hauteur permise des bâtiments à construire, leur échelle, leur impact sur les percées visuelles et sur l'achalandage. Le développement économique privé continue d'être considéré comme menaçant l'usage public du site comme lieu de promenade et d'accès au fleuve.

Les projets envisagés dans le Vieux-Port jouent un rôle majeur dans la définition actuelle du patrimoine urbain de Québec, puisqu'ils mettent en lumière les problèmes de « redéveloppe-ment » sur le pourtour de l'arrondissement historique, le caractère « tronqué » des limites adoptées pour celui-ci et la nécessité d'une gestion concertée de l'arrondissement et de son pourtour. Dans la foulée de ces événements, des structures de concertation sont mises en place : un comité interministériel fédéral — idée lancée par le ministère de l'Environnement du Québec — est mis sur pied en 1992. À la suite d'une proposition faite par la Ville de Québec, une commission réunissant la Ville et les deux gouvernements est créée en 1993.

En 1999-2000, un autre tollé s'élève contre l'implantation d'un terminal de croisière à la Pointe-à-Carcy. Malgré les modifications apportées au projet initial, dont l'élimination de passerelles, de commerces et d'un stationnement étagé, on critique notamment son aspect visuel, ses conséquences sur le paysage et les perspectives du Vieux-Port, ainsi que sur la hausse éventuelle de l'achalandage du quartier. Alors que la discussion fait rage, une consul-tation publique est organisée en avril et en mai 2000 : le comité, qui est formé de trois com-missaires, nommés respectivement par l'administration portuaire, le ministère fédéral des Travaux publics et la Ville de Québec, reçoit 40 mémoires et entend 32 groupes ou individus. Il appuie à l'unanimité l'implantation du terminal, tout en proposant diverses mesures propres à en minimiser certaines répercussions négatives.

Les débats sur ces transformations sont ravivés à l'occasion de la visite des experts chargés par l'Unesco et ICOMOS, en 2001 et en 2003, de vérifier l'état de préservation du site inscrit sur la Liste du patrimoine mondial. En décembre 2001, M. Alvaro Gomez-Ferrer Bayo men-tionne dans son rapport que, si le projet de terminal est acceptable, à certaines conditions, par contre les limites de la zone protégée devraient être revues pour intégrer la Pointe-à-Carcy. D'ailleurs, quelques mois auparavant, en février 2001, l'Agence Parcs Canada a réalisé une étude sur la valeur patrimoniale de la Pointe-à-Carcy. On y recommande, entre autres, de préserver toutes les valeurs culturelles du secteur, son paysage, son patrimoine bâti, ses ressources archéologiques et sa fonction maritime. On y souligne aussi que les travaux effectués dans le secteur ne devront « en aucune façon altérer [ni] ou amoindrir la valeur des ressources culturelles du secteur » (Parcs Canada 2001).

L'élargissement du périmètre fait alors consensus parmi les autorités visées et une requête en ce sens est présentée en 2002. En réponse à une demande d'analyse complémentaire, un nouveau rapport d'expertise est produit sous l'égide d'ICOMOS en 2003. Le rapport déposé est vivement critiqué par la Ville de Québec, le MCCQ et Parcs Canada, qui soulignent que les importantes lacunes dont il fait preuve en terme de connaissance du site faussent tant l'analyse que les recommandations en découlant. Le gouvernement du Canada, responsable de l'application de la Convention du patrimoine mondial, décide alors de reporter à plus tard toute action relative à l'élargissement des limites de l'arrondissement historique.

Précisons que, au cours des dernières années, différents travaux ont été exécutés. Il y a eu un réaménagement du secteur de la Pointe-à-Carcy, dans le respect des valeurs patrimoniales du site, ainsi que des travaux de réfection de l'édifice des Douanes de la rue Dalhousie.

Accès privilégié à la haute-ville, la côte d'Abraham a longtemps été laissée à l'abandon. À la fin des années 1980, les bâtiments qui s'y trouvent sont fort délabrés. Les projets d'aménagement de la Grand-Place, en 1987, en menacent l'existence. Un comité est formé et, finalement, en 1995, plusieurs des maisons autrefois abandonnées sont restaurées pour former le complexe culturel et communautaire Méduse (Dubois 2004 : 88-89). Au carrefour de la haute-ville, de la basse-ville et du quartier Saint-Roch, le complexe forme en quelque sorte un pivot urbain.

Un autre lieu emblématique fait également l'objet d'une attention particulière, soit l'îlot des Palais. Acquis par la Ville en 1974, le site est soumis depuis 1984 à une réflexion sur son aménagement et sa réinsertion dans la vie urbaine. D'importantes fouilles archéologiques y seront menées de 1982 à 1992, alors qu'en 1989 on y mettra en valeur les vestiges archéologiques du premier palais de l'Intendant en interprétant *in situ* la complexité d'un lieu où se superposent les traces des différentes époques. Quant au second palais, on y fait de l'interprétation de l'archéologie urbaine. L'un et l'autre sites font l'objet de plans précis de réaménagement dans le cadre des célébrations du 400e anniversaire de fondation de la ville de Québec.

C'est surtout à la basse-ville que les espaces vacants sont réoccupés. La politique en cours favorise la transformation et la restauration des bâtiments abandonnés, puis la restructuration de la trame urbaine par l'insertion de nouvelles constructions. Cependant, la pression urbaine provoque des modifications au paysage urbanisé. Ainsi, faute d'espace constructible, on bâtit dans les cours arrière ou en hauteur. Le zonage, basé sur une moyenne, s'adapte. On assiste alors à une densification urbaine remarquable, tandis que disparaissent nombre d'espaces « creux » hérités des siècles précédents.

Depuis le début des années 1990, d'autres chantiers sont entrepris dans cette partie du secteur protégé dont, entre autres, la Caserne Dalhousie en 1997, l'hôtel Dominion, rue Saint-Pierre, construit en 1997 et agrandi en 2001, les Jardins des Remparts, rue Saint-Paul, de 1999 à 2002 et plusieurs immeubles à fonction résidentielle.

LA HAUTE-VILLE

Transformer le Vieux-Québec en un lieu vivant et animé et éviter qu'il devienne un lieu déserté le soir, voilà un enjeu qui fait consensus. L'orientation générale qui consiste à favoriser le maintien de l'habitation se traduit par différentes mesures de soutien à des projets d'insertion ou de restauration. Si cette préoccupation a donné lieu à des résultats probants dans l'ensemble de l'arrondissement historique, ces résultats sont différenciés entre les deux secteurs, le problème demeurant crucial à la haute-ville. Parmi les réalisations qui y ont été faites, notons les Maisons de Beaucours (1997) (rue Saint-Louis). Cet ensemble de logements en copropriété est situé dans l'îlot Mont-Carmel. Proposé au début des années 1990, ce projet démarre en 1996 avec la démolition de l'annexe du palais de justice.

Ici également, des travaux de restauration sont entrepris depuis le début des années 1990 : la chapelle funéraire François-de-Laval en 1993, le Morrin College, ancienne prison de Québec, dont l'extérieur est restauré en 1992 et l'intérieur en 2005-2006, le théâtre Capitole en 1993, le Cercle de la garnison en 1992, le centre de recherche en oncologie de l'Hôtel-Dieu-de-Québec, rue McMahon, de 1995 à 2006, le musée de l'Amérique française en 1999, le Palais Montcalm de 2004 à 2006, l'édifice du YWCA, rue Saint-Jean en 2005.

Parallèlement, le ministère de la Défense nationale stabilise plusieurs composantes de la citadelle, et notamment des casemates qui, une fois remises en état, serviront de musée. Au cours des 20 dernières années, des travaux de stabilisation des fortifications ont été effectués sur le front ouest de l'enceinte de la ville, en particulier aux bastions des Ursulines, Saint-Jean et du Coteau-de-la-Potasse, ainsi qu'aux courtines adjacentes, à la terrasse Dufferin et à la tenaille des Nouvelles Casernes.

Les principaux efforts d'aménagement ont porté sur les espaces publics. On a ainsi procédé depuis 20 ans à l'enfouissement de fils électriques, à la réfection de l'éclairage, à la création d'un mobilier urbain propre au Vieux-Québec de même qu'à la plantation d'arbres, d'arbustes et de fleurs. Les parcs et les places ont été choyés par la Ville et ses partenaires, dont, en premier lieu, la Commission de la capitale nationale du Québec. Ont ainsi été aménagées à la haute-ville la chaussée des Écossais et la place des Livernois. Les réalisations à la basse-ville comptent le parc Félix-Leclerc, le parc de la Cétière, la place de la FAO et la place de la Gare où trône une œuvre-fontaine de Charles Daudelin. Enfin, le plan-lumière de la CCNQ illumine nuitamment les principaux bâtiments et sites patrimoniaux de la ville, dont la plupart sont situés dans l'arrondissement historique.

Par ailleurs, au cours des dernières années, deux secteurs de la haute-ville ont également retenu l'attention. D'abord le dégagement des abords des Nouvelles Casernes, un projet élaboré dès les années 1970, relancé en 1995, qui servaient jusqu'alors au stationnement. L'Agence Parcs Canada entreprend, de 1995 à 2001, des travaux sur les fortifications, mais la restauration et la mise en valeur des Casernes mêmes, de compétence québécoise, reste à achever, bien que d'importants travaux de préservation aient été effectués depuis 10 ans.

À proximité, la présence de l'Hôtel-Dieu et ses besoins en infrastructures de soins spécialisés ajoutent à la pression urbaine sur le secteur des Nouvelles Casernes. À même les murs de l'église Saint-Patrice érigée en 1831, incendiée en 1971, on construit en 1995-1996 un centre de recherche en oncologie et un stationnement souterrain. Trois ans plus tard, en 1999, on annonce un nouveau projet d'agrandissement afin de doter le complexe hospitalier d'un centre de traitement en oncologie. Le nouveau bâtiment se dresse sur le stationnement souterrain, en face du centre hospitalier et communique par des couloirs en sous-sol avec le centre de recherches. Les maisons abandonnées de la côte du Palais sont intégrées au nouveau bâtiment. À peine inauguré ce centre de traitement, le Centre hospitalier de l'Hôtel-Dieu de Québec annonce en 2005 un autre projet d'agrandissement pour ajouter 17 300 m^2 à ce secteur déjà très dense de l'arrondissement historique.

À la place D'Youville, le cadre bâti se transforme. Le développement touristique y suscite l'implantation de plusieurs hôtels qui encadrent la place. Parmi ces projets et réalisations, la construction, de 1997 à 2000 du Palace Royal provoque un certain émoi, plusieurs soulignant l'impact de cet hôtel sur l'aménagement de la place et le paysage bâti environnant. En janvier 2000, la Ville adopte un moratoire sur la hauteur des bâtiments à proximité des fortifications, ce qui se traduit par des limitations supplémentaires et met fin à un projet de surhaussement du Capitole.

La question du tourisme continue d'être une préoccupation majeure. Dès 1970, le *Concept* souligne qu'une trop grande masse touristique, notamment à la haute-ville, créerait « un quartier artificiel où les résidents seraient submergés par les touristes » (Comité de rénovation et de mise en valeur du Vieux-Québec 1970 : 129).

Aujourd'hui encore, l'équilibre entre un quartier vivant et un lieu d'accueil touristique demeure précaire. La fréquentation touristique de Québec dans son ensemble a largement évolué, pour atteindre plus de 9 millions de visiteurs en 2002, dont la Ville estime que 63 p. 100 — environ 5,7 millions — ont visité l'arrondissement historique. Selon d'autres données, le nombre de touristes, c'est-à-dire de personnes ayant dormi au moins une nuit à Québec, serait passé de 3 141 000 en 1984 à 5 815 000 en 2002. Il faut toutefois considérer ces chiffres avec prudence, puisque la méthode de calcul a changé quatre fois de 1991 à 2002 (Ville de Québec 2004).

La croissance touristique a pour effet d'imposer une pression supplémentaire au territoire par l'augmentation du trafic routier, de l'achalandage et des besoins en hébergement. C'est ce que confirme d'ailleurs un sondage réalisé en 2002 auprès des résidents par le Comité des

citoyens du Vieux-Québec (CCVQ). Si les résultats obtenus indiquent un fort taux d'insatis-
faction en ce qui a trait à la circulation trop importante de véhicules lourds, au bruit et à
l'achalandage, une majorité d'entre eux considèrent toutefois que « le développement du
tourisme, lorsqu'il est contrôlé, peut être conciliable avec la vie du quartier ».

Un des principaux problèmes associés au tourisme concerne la présence importante d'autobus
et d'autocars touristiques. Dès 1990, le CCVQ demande à la Ville de contenir cette circulation
pour protéger le cadre de vie dans le secteur historique. En 1996, avec l'appui de l'industrie
touristique, un objectif de réduction de 30 p. 100 est fixé, et une demande est présentée
au gouvernement du Québec pour réglementer la circulation des autocars selon le motif
des déplacements. Lorsque la Ville acquiert ce pouvoir, en 1999, la situation s'est largement
dégradée : les entrées *intra-muros* d'autocars ont augmenté, de 45 200 en 1996 à 47 613 en
1998 (Ville de Québec 2004). Un groupe de travail réunissant résidents, commerçants, gens
d'affaires, représentants de l'industrie touristique et d'organismes est mis sur pied en 1999.
Le groupe d'une quarantaine de personnes dépose un rapport contenant plusieurs recommandations.

En 2002, le CCVQ revient à la charge et amène la Ville à adopter, en 2003, une stratégie
de gestion intégrée des déplacements dans le Vieux-Québec : interdire partiellement les
camions et en limiter la circulation; limiter l'accès au Vieux-Québec, à partir de l'été 2005,
aux seuls autocars qui conduisent les passagers et leurs bagages à l'hôtel, les tours de ville
s'effectuant dorénavant en minibus; favoriser l'usage de minibus écologiques; créer des
conditions favorables aux piétons (plan d'ambiance pédestre) en élargissant, par exemple,
les trottoirs de certaines rues.

La question de l'achalandage se révèle aussi préoccupante, notamment pour les résidents.
Certes, la présence de bars et d'autres équipements a fait l'objet d'une réglementation, mais
la qualité de vie des résidents se bute aussi à un achalandage en croissance : la réalisation
de plus en plus courante d'activités et de festivals tout autant que la fréquentation touristique
elle-même suscitent la présence de foules qui rendent difficile la circulation, tant à pied
qu'en automobile.

Un autre effet du boom touristique concerne les enjeux associés à l'hôtellerie et à l'accueil.
Certes, la pression touristique s'exprime tôt dans l'histoire du quartier, mais elle connaît une
hausse au cours des dernières années. Depuis 1995, 1 200 chambres se sont rajoutées aux
12 000 déjà existantes. En 2002, la Ville tente de limiter ce type d'établissement dans le
secteur du Vieux-Port, soulignant qu'il y a eu 600 unités d'hébergement touristique ajoutées
dans l'ensemble du Vieux-Québec depuis le début des années 1990 jusqu'en 2002, soit à
peu près autant que le nombre de logements créés ou rénovés. La proposition de règlement
étant rejetée comme suite à l'opposition exprimée en consultation publique, la problématique

reste entière. Ainsi, on assiste au développement d'une hôtellerie parallèle. C'est notamment le cas des gîtes touristiques, qui voient le jour et se multiplient rapidement depuis le début des années 1990. En 1998, on impose un moratoire qui en restreint le nombre à 10 établissements de 3 chambres à la haute-ville *intra-muros*. Plus récemment, de nouvelles formes d'hôtellerie déguisée ont été mises en place, par la location temporaire d'appartements ou de copropriétés à une clientèle touristique. En résultent des interrogations et l'adoption de mesures qui, vaille que vaille, cherchent à maintenir un équilibre, favorisant à la fois une qualité de vie pour les résidents et une expérience touristique de qualité et respectueuse du milieu.

EMPREINTES QUI SUBSISTENT DE LA PÉRIODE DE 1985 À 2006

BASSE-VILLE
TRAME URBAINE

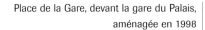

Place de la Gare, devant la gare du Palais, aménagée en 1998

Place de la FAO, à l'angle des rues Saint-Paul et Saint-Pierre, aménagée en 1995

Place de Paris, délimitée par les rues du Marché-Finlay
et Dalhousie, aménagée en 1987

BASSE-VILLE
ENSEMBLES URBAINS

Complexe Méduse, vue de la rue Saint-Vallier Est, aménagé en 1995

Musée de la civilisation,
85, rue Dalhousie,
construit en 1987

Maison Hazeur recyclée en
centre d'interprétation de Place-Royale,
27, rue Notre-Dame, travaux exécutés
en 1999

BASSE-VILLE
ÉLÉMENTS DU CADRE BÂTI

Terrasses du Vieux-Port,
depuis le quai Chouinard,
construites en 1986

Terminal de croisières de Pointe-à-Carcy,
depuis les quais, construit en 2000

Restauration de la caserne n° 5,
113 rue Dalhousie, travaux exécutés
en 1997

Auberge Saint-Antoine, depuis les quais,
construite en 1992

Auberge Saint-Antoine,
8, rue Saint-Antoine,
agrandie en 2003

EMPREINTES QUI SUBSISTENT DE LA PÉRIODE DE 1985 À 2006
HAUTE-VILLE
TRAME URBAINE

Chaussée des Écossais
dans le prolongement
de la rue Saint-Stanislas,
aménagement en 2000

Ruelle des Ursulines, depuis la rue Sainte-Ursule
vers le monastère, aménagement en 2002

Place de l'Institut-Canadien,
depuis la rue Cook, aménagée en 1999

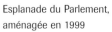

Esplanade du Parlement,
aménagée en 1999

Réaménagement des espaces situés au-dessus du
stationnement de la place D'Youville, vue depuis le
bastion des Ursulines, travaux complétés en 2005

Stationnement souterrain de la place D'Youville,
vue de l'entrée rue Dauphine

Enfouissement des fils électriques,
rue du Sault-au-Matelot

Place des Livernois, depuis la rue Saint-Jean
vers la rue Couillard, aménagée en 1995

EMPREINTES QUI SUBSISTENT DE LA PÉRIODE DE 1985 À 2006
HAUTE-VILLE
ÉLÉMENTS DU CADRE BÂTI

Restauration du théâtre Capitole,
972, rue Saint-Jean,
travaux effectués en 1993

Les Maisons de Beaucours,
33, rue Saint-Louis,
construites en 1997-1998

Restauration de l'édifice du Morrin College,
44, Chaussée des Écossais, travaux effectués
en 1992 et en 2005-2006

Nouvelles Casernes, au parc de l'Artillerie, vue de l'édifice
et de la promenade aménagée le long du mur de pierre
depuis la côte du Palais, travaux effectués de 1995 à 2001

Restauration des fortifications,
bastion des Ursulines,
vue *intra-muros* vers le nord

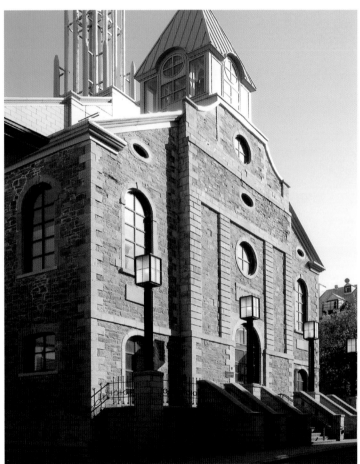

Centre de recherche en oncologie de l'Hôtel-Dieu,
9, rue McMahon, recyclage et construction
de 1995 à 2006

Restauration des fortifications,
le long de la côte de la Potasse

Conclusion

▶ C'est dans l'aire de ce que nous appelons aujourd'hui l'arrondissement historique du Vieux-Québec qu'est née la ville et que s'y est développée une capitale coloniale, puis québécoise. Dès le XIXe siècle, le quartier devient une référence mémorielle, dimension qui s'intègre dès lors dans les mesures d'aménagement envisagées. Peu à peu, l'arrondissement historique se transforme en un lieu où s'affirment et s'affinent les politiques patrimoniales canadiennes et québécoises.

En 1985, tandis que le patrimoine se mesure à l'échelle du globe, l'arrondissement historique gagne une reconnaissance internationale en étant inscrit sur la Liste du patrimoine mondial de l'Unesco.

LES COMPOSANTES HÉRITÉES

La valeur de l'arrondissement historique du Vieux-Québec, comme de tout autre secteur patrimonial protégé, dépend tout autant des monuments que de l'architecture mineure, du parcellaire hérité, des structures territoriales, des espaces ouverts, des sous-sols ou encore des perspectives visuelles. Prises individuellement, ces composantes expriment, chacune à leur manière, nos valeurs et nos savoir-faire. Prises ensemble, elles composent nos paysages culturels, à la fois substrats et réceptacles de notre culture.

La falaise et la rupture spatiale

D'un point de vue géographique, l'arrondissement historique est marqué par une rupture spatiale importante. La falaise y a fabriqué deux espaces connexes, mais distincts. Au XIXe siècle, cette rupture est davantage dramatisée par la présence des fortifications. Les perspectives associées à cette rupture — à la fois de la ville et vers celle-ci — sont valorisées à partir de la seconde moitié du XIXe siècle. L'aménagement de la terrasse Durham en 1854 traduit la volonté d'observer le fleuve. Cependant, ce n'est qu'avec l'arasement de certaines parties des fortifications, dans le cadre des *Quebec Improvements*, et avec l'extension de la terrasse, qui prend le nom de Terrasse Dufferin, que l'ouverture de la haute-ville sur les paysages environnants prend vraiment tout son sens. Aujourd'hui, la préservation des perspectives sur la falaise — notamment depuis la rue Saint-Paul, où les pressions sont de plus en plus fortes pour rehausser les bâtiments — préoccupe citoyens et gestionnaires.

Un autre élément est associé à cette rupture, soit les voies d'accès. Dès les débuts de la colonie, quelques voies seulement relient les deux secteurs de l'arrondissement historique, la haute-ville et la basse-ville. De nos jours, les côtes de la Montagne et d'Abraham servent toujours de portes d'entrée de l'arrondissement historique pour les automobilistes. Quant aux piétons, ils disposent, aujourd'hui comme hier, d'une série d'escaliers pour circuler entre les deux parties du Vieux-Québec. Avec le funiculaire, ces escaliers représentent une des caractéristiques de l'arrondissement historique, soit celle de faciliter les communications entre la basse-ville et la haute-ville. C'est ce besoin qui a forcé jadis l'aménagement d'un viaduc pour les tramways (l'actuelle côte Dinan) et qui demeure encore aujourd'hui un défi pour les responsables du transport en commun.

Les fortifications

Les fortifications constituent un élément majeur et structurant de l'arrondissement historique. D'ailleurs, leur présence a joué fortement dans son inscription sur la Liste du patrimoine mondial. La demande soumise en 1983 par la Ville souligne notamment que Québec constitue l'exemple de ville fortifiée le plus complet en Amérique du Nord, étant donné qu'elle conserve la majeure partie d'un système de défense élaboré depuis le XVIIe siècle. C'est en ces termes également que, dans son rapport à l'Unesco, ICOMOS appuyait la candidature de Québec pour l'inscription sur la Liste du patrimoine mondial au titre des critères IV :

> Ensemble urbain cohérent, l'arrondissement historique du Vieux-Québec, avec la citadelle, la Haute-Ville défendue par une enceinte bastionnée, la Basse-Ville, son port et ses quartiers anciens, offre un exemple éminent — de loin le plus complet en Amérique du Nord — de ville coloniale fortifiée.

En ce qui a trait aux traces du système défensif français, les vestiges qui en subsistent sont à environ 80 p. 100 situés sur des propriétés privées ou municipales. Certains éléments relèvent de la responsabilité du gouvernement du Québec : la batterie royale est propriété de la SODEC, alors que la Commission de la capitale nationale se charge du parc du Cavalier du Moulin. Par contre, les traces du système défensif anglais, plus monumentales, sont sous la responsabilité de Parcs Canada. Cependant, d'autres ministères assument la gestion de certaines portions : c'est le cas de la Défense nationale, qui est toujours responsable de la citadelle.

Les fortifications témoignent également des efforts de préservation historique dans le Canada naissant. Cette fonction mémorielle est vue dès ce moment-là comme une responsabilité chargée symboliquement de manifester dans l'espace urbain les relations avec l'Empire : c'est ce que soutient Lord Dufferin dans un fameux discours prononcé en 1876.

Le rapport au fleuve

Depuis le début de l'arrondissement historique, la relation avec le fleuve est déterminante et se manifeste sous diverses formes. Les statuts de capitale politique et de centre économique qui caractérisent Québec lui sont ainsi largement associés. La navigation et la construction navale, le commerce et l'accueil des arrivants, tout cela se traduit dans le paysage urbain de la ville autant que dans la vie de ses citoyens. La basse-ville connaît ainsi une histoire de lutte continue pour gagner de l'espace sur le fleuve. D'ailleurs, les plans de Chaussegros de Léry pour développer la basse-ville — la voir s'étendre sur l'estuaire de la rivière Saint-Charles — sont en quelque sorte repris plus tard lorsque vient le temps de réaménager le port et de construire le bassin Louise.

La vue de Québec depuis le Saint-Laurent ou la rive sud est aussi une composante essentielle de l'arrondissement historique. La vieille ville offre un spectacle saisissant de cet angle. Comparée à Gibraltar, au XIXe siècle, la pointe rocheuse s'avançant dans la rade, couronnée par les fortifications et le château Frontenac (qui a succédé au château Saint-Louis) est une image forte de la ville. Immortalisée tant par les artistes que par les photographes professionnels ou amateurs, elle a fait le tour du monde. Elle explique à elle seule le choix du site par Samuel de Champlain en 1608.

Les rues et la trame urbaine

Les rues et la trame urbaine témoignent de l'implantation de la population en Nouvelle-France et de l'adaptation des lieux au changement.

À la basse-ville, l'implantation humaine se développe autour du noyau central initial, où se situe l'« abitation » de Champlain, qui devient par la suite la place Royale. L'occupation des lieux se structure selon un plan orthogonal, qui permet le meilleur usage du site (espace plat) et facilite l'accès au fleuve. En conséquence, le quadrillage du quartier s'étend sur l'ensemble de l'espace à la disposition des occupants, puis sur le terrain gagné sur le fleuve et sur l'estuaire de la rivière Saint-Charles. Cette trame est achevée au cours du dernier tiers du XIXe siècle.

À la haute-ville, la présence des institutions civiles et religieuses structure l'espace. Après une phase initiale, la haute-ville est découpée en six grandes aires, qui définissent les voies de communication principales. Le premier plan d'aménagement radioconcentrique y structure l'espace autour du château Saint-Louis, cette valorisation symbolique respectant tant la topographie que les grandes propriétés des communautés religieuses. Au premier plan se superpose ultérieurement, lors du lotissement des grands domaines ou des espaces libérés par le déplacement des emprises des fortifications, un découpage orthogonal, imposé par les ingénieurs militaires dès le Régime français. Il en résulte des îlots irréguliers à la jonction de ces deux trames. Le lotissement ultérieur, dans les espaces non encore concédés, suivra la logique implantée dès le Régime français.

L'étroitesse du système viaire, l'ordonnance imposant le dégagement de l'espace sur rue et l'accès aux habitations en façade avant seulement exigent de modifier l'habitation : l'escalier est intégré à l'intérieur du bâtiment et la porte d'entrée est surhaussée.

Le plan parcellaire

Le plan parcellaire hérité est une trace marquante de l'évolution de l'arrondissement historique. Deux éléments y contribuent.

Le premier élément concerne les habitations et l'origine du plan qui remonte au Régime français. À cette époque, les habitations sont concédées sur des lots carrés sans accès à la partie arrière, contrairement au mode anglais où des ruelles longent l'arrière des lots. L'accès à la cour n'est donc possible que par la façade principale soit par une porte cochère, soit par un accès latéral.

Second élément, le plan parcellaire témoigne des grands domaines concédés aux communautés religieuses. Ces ensembles structurent l'aménagement et le lotissement et ils favorisent l'implantation des édifices monumentaux. Aujourd'hui, malgré le lotissement d'une partie de ceux-ci et la disparition de certains autres, d'immenses propriétés subsistent toujours. C'est le cas notamment du Séminaire, du monastère des Augustines, de l'Hôtel-Dieu et du monastère des Ursulines.

Les cours arrière et les portes cochères

Durant les XVIIIᵉ et XIXᵉ siècles, la densification urbaine donne naissance à une forme d'habitat qui répond à la fois aux pressions urbaines et aux usages en cours. La structuration de l'espace arrière, auquel on accède par une porte cochère, constitue un ensemble de « creux » qui marque alors le paysage urbain du Vieux-Québec et s'adapte au plan parcellaire et aux voitures du début du XIXᵉ siècle.

L'intérêt pour cette particularité n'est pas récent, on en dresse l'inventaire dans le *Concept* (1970 : 59), mais sa sauvegarde devra faire l'objet d'une attention particulière. Aujourd'hui, ces espaces arrière et leurs accès subissent d'importantes mutations. Comme le mentionne Noppen (1990 : 104), « [les] nombreuses et intéressantes écuries qui accompagnaient ces maisons ont pour la plupart été démolies, et les portes cochères ne donnent maintenant accès qu'à des cours intérieures transformées en stationnement ». Cette situation est en progression, compte tenu de l'augmentation de la valeur foncière des lots situés dans l'arrondissement historique (ex. : hôtel Sainte-Anne, restaurant Saint-Amour).

La dimension archéologique

Le sous-sol de l'arrondissement historique abrite des vestiges archéologiques qui témoignent des mutations de son cadre bâti et des activités qui s'y sont déroulées. De nombreuses fouilles ont été réalisées dans plusieurs parties du territoire et ont révélé une véritable ville sous la ville.

La complexité des dynamiques à l'œuvre s'exprime, par exemple, dans le site du Séminaire qui y loge depuis plus de 300 ans, mais qui abrite aussi d'importants vestiges associés à la ferme des Hébert-Couillard, vestiges mis en valeur par un marquage au sol de la cour du Séminaire.

Un autre exemple de la richesse de la dimension archéologique s'exprime en trois dimensions dans la mise en valeur du premier palais de l'Intendant, où l'on peut comprendre l'évolution du site, de Talon à la brasserie Boswell. Aujourd'hui, protégé par une épaisse couche de sable, ce site a constitué il y a peu de temps un outil formidable d'interprétation de l'archéologie et de la complexité des couches historiques d'un site. Dans le cadre du 400e anniversaire de fondation de Québec en 2008, la Ville planifie la construction d'un bâtiment au-dessus des vestiges du premier palais de l'Intendant pour mettre en valeur ces formidables traces, et la collection archéologique qui s'y rapporte.

La présence institutionnelle

Depuis le début de la colonie, la haute-ville accueille une importante présence institutionnelle. Celle-ci se structure autour de plusieurs pôles :

1) Les institutions politiques forment un pôle, marqué notamment par le château Saint-Louis et le palais de l'Intendant, mais aussi par l'hôtel du Parlement, l'hôtel de ville, le bureau de poste et d'autres bâtiments d'importance, dont la résidence de fonction du premier ministre du Québec dans l'Édifice Price, ancien siège social de la papetière. Tous ces lieux soulignent la notoriété politique de la ville de Québec et la fonction

de capitale qu'elle a exercée historiquement, son rôle de capitale actuelle s'affirmant davantage hors les murs. La présence militaire pour sa part est associée, dans le présent exercice, aux fortifications.

2) L'administration publique y joue un rôle important, qu'il s'agisse de l'administration coloniale britannique et, plus récemment, de la justice (le Morrin College, jusqu'en 1887, le palais de justice) ou des ministères (le ministère des Affaires municipales, localisé dans l'ancienne Académie commerciale, ou le ministère des Finances, qui occupe l'ancien palais de justice).

3) Les lieux de culte et leurs annexes sont omniprésents : la basilique-cathédrale Notre-Dame de Québec et l'église Notre-Dame-des-Victoires (catholiques), la cathédrale anglicane Holy Trinity — sur le site des Récollets — ainsi que des temples dédiés à d'autres confessions.

4) Les institutions soignantes où sont dispensés soins et services : le monastère des Augustines de l'Hôtel-Dieu de Québec — œuvre poursuivie par l'Hôtel-Dieu actuel —, les Sœurs du Bon-Pasteur et les Sœurs de la Charité.

5) Les institutions d'enseignement : le Séminaire et la Fondation de l'Université Laval, le monastère des Ursulines, le collège des Jésuites, l'Académie des Frères des écoles chrétiennes.

6) Les institutions culturelles dont le développement est plus récent : l'Institut canadien et sa bibliothèque, le palais Montcalm, le Musée de la civilisation, Ex Machina, Méduse, le Capitole, les conservatoires de musique et d'art dramatique.

Un quartier vivant et habité

Une des qualités de l'arrondissement historique vient de son statut de quartier vivant et habité, à la différence de certaines villes-musées comme Louisbourg, Williamsburg ou Carcassonne. Tant les comités de citoyens que les gestionnaires et les professionnels entendent préserver cet acquis gagné de haute lutte depuis le début des années 1970. Déjà, à l'époque, une enquête réalisée par Andrée Gendreau révèle l'attachement des résidents de l'arrondissement historique à leur milieu de vie. « Le Vieux-Québec de 1976, écrit-elle, c'est à la fois la Bohème et une certaine sécurité obtenue par les contacts quotidiens entre les résidents » (Gendreau 1976 : 85). Au-delà de la préservation d'un patrimoine culturel, c'est une qualité de vie que les citoyens continuent de défendre depuis ce temps.

Le quartier se prête bien à l'habitation. Des aires résidentielles partageant des caractéristiques communes forment des ensembles homogènes s'insérant entre les rues marchandes et les grandes institutions : pensons au secteur délimité par les rues D'Auteuil et Saint-Stanislas ou encore celui bordé des rues Couillard, des Remparts et Garneau ou encore l'aire formée de l'avenue Saint-Denis, de la rue Mont-Carmel et de l'avenue Sainte-Geneviève.

À la haute-ville, cet habitat est composé pour l'essentiel de maisons des années 1830-1860, divisées plus tard en trois ou quatre logements et subdivisées ensuite en petites unités détenues en copropriété. À la basse-ville, les résidences sont dispersées sur tout le terri-toire, un nombre croissant d'anciens entrepôts ont été recyclés, des copropriétés ont été construites dans les espaces vacants. En terme de diversité sociale, on compte quelques habitations à loyer modique (HLM) notamment sur la rue Hamel, mais des efforts soutenus sont nécessaires pour en maintenir l'équilibre. La disponibilité de services de proximité (épiceries, écoles, etc.) reste à améliorer, même si on en compte quelques-uns au sein de l'arrondissement.

Les repères mémoriels

Depuis plus de 125 ans, l'arrondissement historique constitue un lieu de mémoire nationale où chaque génération a tenté de protéger ce qu'elle y voyait de significatif. C'est le cas à l'époque de Dufferin, où la préservation des fortifications est associée à un aménagement d'ensemble de la ville et à la construction de portes d'inspiration française. Cet effort de mémoire se traduit plus tard par l'érection de monuments commémoratifs et par la diffusion du style architectural dit « château ». Au XXe siècle, l'intérêt porte d'abord sur certains sites, puis sur la préservation de l'ensemble du territoire de l'arrondissement historique. Les années 1960 voient naître un nouveau chantier de mémoire, la place Royale, alors que, durant les années 1970, le gouvernement fédéral investit dans les fortifications et le parc de l'Artillerie. Avec le temps, les formes de cette mise en mémoire se diversifient tout autant que leur objet : les biens classés et reconnus, les monuments, statues et rappels commémoratifs, les musées et centres d'interprétation.

HISTOIRE ET MODERNITÉ

Dès 1990, Noppen souligne l'importance de l'intégration dans le tissu ancien d'œuvres contemporaines. Il indique que le problème de la mise en valeur va « bien plus loin que la simple maintenance ou la restauration des immeubles existants » et doit « intégrer des réalisations nouvelles destinées à imprimer la marque de l'époque dans le paysage architectural » (Noppen 1990 : 107).

Nous avons vu qu'au cours des quinze dernières années, le secteur protégé a accueilli plusieurs réalisations contemporaines. Mais, les avis demeurent partagés quant aux critères qui doivent guider l'intégration architecturale de bâtiments contemporains dans l'arrondisse-ment historique du Vieux-Québec. Il s'agit pourtant d'une question dont le règlement est urgent face à l'importance des chantiers imminents : le réaménagement du stationnement

Dalhousie (une véritable plaie ouverte en plein cœur du secteur protégé), la construction sur le site de l'ancienne église Saint-Vincent de Paul, le réaménagement des Nouvelles Casernes, les reconstructions sur le site des deux palais de l'Intendant, l'agrandissement projeté de l'Hôtel-Dieu, etc.

Concilier histoire et modernité a fait l'objet de nombreuses analyses ici comme ailleurs. Entre autres, dès 1997, d'éminents spécialistes français, réunis par la Direction de l'architecture du Ministère de la Culture et de la Communication de France, se penchaient sur la problématique de la création contemporaine en espaces protégés. Leurs conclusions sont toujours pertinentes et devraient guider notre réflexion : « C'est sur les lieux que l'homme a le plus façonnés que l'on doit être le plus rigoureux en matière d'interventions contemporaines. Le maintien d'un lien positif entre l'existant et le futur assure une certaine forme de continuité dans la transmission des valeurs. La modernité n'apparaît plus alors comme un effet de mode reposant sur des contrastes faciles avec l'existant, mais comme une actualisation nécessaire qui ne rompra pas l'identité d'une société. Chaque génération doit veiller au transfert des caractéristiques définissant le territoire par delà la diversité de ses expressions successives à travers l'histoire ».

En conséquence, la gestion des arrondissements historiques doit s'inscrire dans une vision globale. Un peu à la manière des poupées gigognes, chacune de leurs composantes est conditionnée par sa position géographique relative et par la place qu'elle occupe dans la hiérarchie des échelles urbaines. Mais bien davantage que les composantes en elles-mêmes, c'est leur agencement qui fonde l'identité des arrondissements historiques et qui contribue à leur qualité globale. En d'autres termes, la valeur patrimoniale d'un arrondissement historique est supérieure à la somme de ses parties.

Bibliographie

ÉTUDES ET DOCUMENTS

▶ Bervin, George, Yves Laframboise (1991). *La fonction commerciale à Place-Royale, 1760-1820*, Québec, Publications du Québec, 2 v. Collection Patrimoines. Dossiers n⁰ 73.

Blair, Louisa (2005). *Les Anglos : la face cachée de Québec*, Québec, Commission de la capitale nationale du Québec/Éditions Sylvain Harvey, 2 v.

Cameron, Christina et Monique Trépanier (1986). *Vieux-Québec : son architecture intérieure*, Ottawa, Division d'histoire, Musée national de l'Homme, 537 p.

Cameron, Christina et Jean Trudel (1976). *Québec au temps de James Patterson Cockburn*, Québec, Éditions Garneau, 176 p.

Charbonneau, André, Yvon Desloges et Marc Lafrance (1982). *Québec, ville fortifiée du XVIIᵉ au XIXᵉ siècle*, Québec, Pélican.

Clermont, Norman, Claude Chapdelaine et Jacques Guimont (1992). *L'occupation historique et préhistorique de Place-Royale*, Québec, Ministère des Affaires culturelles, 426 p. (Collection Patrimoines, dossier n⁰ 76).

Cloutier, André, Madeleine Gobeil Trudeau et Luc Noppen (1978). *La restauration à la Place Royale de Québec : une étude sur les concepts et sur la nature des interventions. Le choix d'un concept actualisé : une proposition*, Sainte-Foy, Département d'histoire (Université Laval), Collection Art ancien du Québec, étude n⁰ 1).

Comité consultatif sur l'avenir de la Pointe-à-Carcy (1989). *Demain? Rapport du Comité consultatif sur l'avenir de la Pointe-à-Carcy*, Québec, Le Comité, 123 p.

Comité de rénovation et de mise en valeur du Vieux-Québec (1970). *Concept général de réaménagement du Vieux-Québec*, [Québec], s. éd., 201 p.

Comité interministériel fédéral de Québec (CIFQ) (2003). *Principes fondamentaux pour la préservation de l'arrondissement historique du Vieux-Québec*, Québec, CIFQ, 2 p. [1ʳᵉ éd. : 1993].

Commission des biens culturels du Québec (CBCQ) (1995). *Pointe-à-Carcy : principes d'aménagement et d'intervention*, Québec, Commission des biens culturels du Québec, (Collection Réflexion, document n⁰ 1).

Commission des biens culturels du Québec (CBCQ) (1990). *Les chemins de la mémoire, t. 1 : Monuments et sites historiques du Québec*, Québec, Les Publications du Québec.

Côté, Renée (2000). *Place-Royale : quatre siècles d'histoire*, Québec/Montréal, Musée de la civilisation/Fides, 188 p. (Collection Images de sociétés).

Côté, Robert (1992). *Portraits du site et de l'habitat de Place-Royale sous le Régime français*, Québec, Publications du Québec. 2 v. Collection Patrimoines. Dossiers no 77.

Courville, Serge et Robert Garon (dir.) (2001). *Québec, ville et capitale*, Sainte-Foy, Archives nationales du Québec, 457 p. (Collection Atlas historique du Québec).

Dubois, Martin (dir.) (2004). *Recyclage architectural à Québec. 60 réalisations créatives*, Québec, Ville de Québec/Les Publications du Québec, 159 p.

Evans, Graham (2002). « Living in a World Heritage City : Stakeholders in the Dialectic of Universal and Particular », *International Journal of Heritage Studies*, vol. 8, no 2, p. 117-135.

Faucher de Saint-Maurice, N.-H.-É. (1879). *Relation de ce qui s'est passé lors des fouilles faites par ordre du gouvernement dans une partie des fondations du Collège des Jésuites de Québec, précédée de certaines observations*, Québec, Typographie de C. Darveau, 48 p.

Faure, Isabelle (1996). *Place Royale : quelques choix d'interventions*, Québec, Commission des biens culturels du Québec, 18 p. (Collection Réflexion, document no 4).

Faure, Isabelle (1995). *La conservation et la restauration du patrimoine bâti au Québec : étude des fondements culturels et idéologiques à travers l'exemple du projet de Place Royale*, 386 p.

Faure, Isabelle (1992). « La reconstruction de Place-Royale à Québec », *Cahiers de géographie du Québec*, vol. 36, no 98, p. 321-336.

Gaumond, Michel (1976). La *Place royale, ses maisons, ses habitants*, 3e éd. rev. et augm., Québec, Éditeur officiel du Québec, 97 p.

Gelly, Alain, Louise Brunelle-Lavoie et Corneliu Kirjan (1995). *La passion du patrimoine*, Commission des biens culturels du Québec, 1922-1994, Sillery, Septentrion, 300 p.

Gendreau, Andrée. *Anthropologie culturelle de l'espace : étude comparative de deux lieux touristiques*, thèse de maîtrise en anthropologie, Université Laval, 209 p.

Gomez-Ferrer Bayo, Alvaro (2001). *Rapport. Mission de suivi réactif pour l'arrondissement historique du Vieux-Québec (Canada) 17-20 octobre 2001*, Paris, ICOMOS.

Gréber, Jacques, Édouard Fiset et Roland Bédard (1956). *Projet d'aménagement de Québec et de sa région, Québec* [s.é.], 71 p.

Hare, John, Marc Lafrance, et Thierry Ruddell (1987). *Histoire de la ville de Québec, 1608-1871*, Montréal/Ottawa, Boréal/Musée canadien des civilisations, 399 p.

ICOMOS (1992). « Arrondissement historique du Vieux-Québec », dans ICOMOS, *Rapport de suivi sur les sites du patrimoine mondial culturel pour la réunion du Comité du patrimoine mondial*, 6-14 décembre 1992, [Paris], ICOMOS, décembre 1992.

Jean, Régis, André Proulx (1995). *Le commerce à Place-Royale sous le Régime français*. Sainte-Foy, Publications du Québec, 2 v. Collection Patrimoines. Dossiers nᵒ 94.

Laframboise, Yves, Monique La Grenade-Meunier (1991). *La fonction résidentielle à Place-Royale, 1760-1820*, Québec, Publications du Québec, 2 v. Collection Patrimoines. Dossiers nᵒ 75.

Laframboise, Yves (1991). *La fonction résidentielle de Place-Royale, 1820-1860*, Québec, Publications du Québec, 4 v. Collection Patrimoines. Dossiers nᵒ 70.

Lamontagne, Maurice (1947). *Les problèmes économiques de Québec. Le passé, le présent, l'avenir*, Québec, Chambre de commerce de Québec, 23 p.

L'Anglais, Paul-Gaston (1994). *La recherche archéologique en milieu urbain : d'une archéologie dans la ville vers une archéologie de la ville*, Québec, CELAT, 65 p.

Larochelle, Pierre (2002). *Le contrôle des transformations du tissu urbain historique dans le secteur de la Place Royale*, Québec, Commission des biens culturels du Québec.

Larochelle, Pierre (1997). « La cité comme œuvre d'art urbaine », *Continuité*, nᵒ 74, automne, p. 42-45.

Larochelle, Pierre et Léonce Naud (1992). *Arrondissement historique du Vieux-Québec : réaménagement du front fluvial et du Vieux-Port*, Québec, Conseil des monuments et sites du Québec, 3 vol.

Lebel, Jean-Marie (1997). *Le Vieux-Québec : guide du promeneur*, Sillery, Septentrion, 338 p.

Lebel, Jean-Marie et Alain Roy (2000). *Québec, 1900-2000 : le siècle d'une capitale*, Sainte-Foy, Éditions MultiMondes/Commission de la capitale nationale du Québec, 157 p.

Léonidoff, Georges-Pierre, Micheline Huard, Robert Côté (1996). *La construction à Place-Royale sous le Régime français*, Sainte-Foy, Publications du Québec. 477 p. Collection Patrimoines. Dossiers nᵒ 98.

Lessard, Michel (1992). *Québec, ville du patrimoine mondial : images oubliées de la vie quotidienne, 1858-1914*, Montréal, Éditions de l'Homme, 255 p.

Mansour, Azzedine (1992). *Processus de formation, de structuration et de mutation du cadre bâti ancien. Cas de l'arrondissement historique du Vieux-Québec*, Mémoire de maîtrise en architecture. Université Laval. 187 p.

Mercier, Guy (2003). « La compétence de démolir », dans Frédéric Lasserre et Aline Lechaume, (dir.), *Le territoire pensé : géographie des représentations territoriales*, Sainte-Foy, Presses de l'Université du Québec, p. 267-295.

Mercier, Guy (2001). « The Useful Ambiguity of Urban Heritage », *Journal de la Société pour l'étude de l'architecture au Canada*, vol. 26, nos 3-4, p. 37-44.

Mercier, Hélène (1971). *Transformations dans l'occupation du sol : partie basse du vieux Québec, 1956-1970*, thèse de licence en géographie, Québec, Université Laval, 48 p.

Ministère des Affaires culturelles du Québec (1979). *Place-Royale. Les actes du colloque*, Québec, Centre de documentation, Direction de l'inventaire des biens culturels, 192 p.

Ministère de la Culture et de la Communication de France (1997). *Mémoire et projet – Les conditions de l'intervention architecturale dans les espaces protégés*. Direction de l'architecture.

Noppen, Luc (1990). « Arrondissement historique du Vieux-Québec », dans Commission des biens culturels du Québec, *Les chemins de la mémoire*, t. 1 « 1 : *Monuments et sites historiques du Québec*», Québec, Les Publications du Québec, p. 77-108.

Noppen, Luc et Lucie K. Morisset (2003). *Au cœur de la ville marchande : Place-royale : expertise sur la valorisation architecturale de la fonction commerciale*, Montréal, Société de développement des entreprises culturelles, 47 p. (Collection Cahiers de la SODEC).

Noppen, Luc et Lucie K. Morisset (1998). *Québec de roc et de pierres : la capitale en architecture*, Sainte-Foy, Québec, Éditions Multimondes/Commission de la capitale nationale du Québec, 150 p.

Noppen, Luc, Claude Paulette et Michel Tremblay (1979). *Québec, trois siècles d'architecture, Québec*, Libre Expression, 440 p.

Noppen, Luc, Paul Trépanier et Hélène Jobidon (1990). *Québec monumental, 1890-1990*, Sillery, Septentrion, 191 p.

Parcs Canada (2004). *Énoncé d'intégrité commémorative du Lieu historique national du Canada des Fortifications-de-Québec*, Parcs Canada, Unité de gestion de Québec, 99 p.

Parcs Canada (2002). *Arrondissement historique du Vieux-Québec. Dossier de présentation : agrandissement des limites*, septembre 2002, 33 p.

Parcs Canada (2001). *Énoncé de la valeur patrimoniale du secteur de la Pointe-à-Carcy à Québec*, Québec, Parcs Canada, février, 75 p.

Parcs Canada, Ministère de la Culture du Québec et Ville de Québec (1993). *Rapport sur la mise en œuvre des recommandations de l'Icomos au Comité du patrimoine mondial au sujet de l'arrondissement historique de la ville de Québec*, [Québec], octobre.

Pluram (1984). *Étude du potentiel archéologique du Vieux-Québec et analyse des composantes architecturales du Vieux-Québec*, Québec, Pluram inc., 3 vol. : 418, 605 et 400 p.

Pluram (1975). *Plan de sauvegarde et de mise en valeur du Vieux Québec*, t. 1 « Recherche documentaire »; et t. 2 : « Le devenir du Vieux-Québec », Québec, Pluram.

Provencher, Jean (1990). *Les modes de vie de la population de Place-Royale entre 1820 et 1859*, Québec, Publications du Québec. 315 p. Collection Patrimoines. Dossiers nº 66.

Rousseau, Jacques (1967). *Les transformations récentes dans le vieux Québec*, thèse de licence en géographie, Québec, Université Laval, 47 p.

Roy, Alain (2001a). « Étude historique », dans Patri-Arch, *Étude d'ensemble du sous-secteur de l'ancien chantier*, Québec, Ville de Québec, Centre de développement économique et urbain, Design et patrimoine.

Roy, Alain (2001b). « Un passé partagé comme gage d'un avenir commun : Lord Dufferin, les fortifications de Québec et l'Empire britannique », communication présentée au Congrès de la Société historique du Canada [inédit].

Roy, Alain (1998). *Les grands traits de l'histoire de Place-Royale de 1860 à 1960*, rapport de recherche soumis au Musée de la civilisation [inédit].

Roy, Alain (1997). « L'épopée du Vieux-Québec », *Continuité*, nº 74, automne, p. 18-21.

Roy, Alain (1995). *Le Vieux-Québec, 1945-1963 : construction et fonctions sociales d'un lieu de mémoire nationale*, thèse de maîtrise en histoire, Québec, Université Laval, 196 p.

Saint-Pierre, Serge (1993). *Les modes de vie des habitants et des commerçants de Place-Royale : 1660-1760*, Québec, Publications du Québec. 2 v. Collection Patrimoines. Dossiers nº 79.

Saint-Pierre, Serge, Robert Côté (1990). *La fonction commerciale de Place-Royale entre 1820 et 1860 : synthèse*, Québec, Publications du Québec, 3 v. Collection Patrimoines. Dossiers nº 68.

Société de développement des entreprises culturelles (SODEC) (2000). *Place-Royale : lieu de vie et d'histoire. Horizon 2008. Plan de développement de Place-Royale*, Québec, SODEC, 48 p.

Vallières, Anne (1999). *Processus de transformation typologique du bâti résidentiel dans l'arrondissement historique du Vieux-Québec*, Mémoire de maîtrise en architecture. Université Laval, 175 p.

Varin, François (1997). « Une vision à partager », *Continuité*, nº 74, automne, p. 40-41.

Ville de Québec [Louise Côté] (2004). *Rapports périodiques de la Convention du patrimoine mondial*, 21 p. et annexes.
http://www.pc.gc.ca/docs/pm-wh/rspm-whsr/rapports-reports/r9_F.asp

Ville de Québec [Nicolas Roquet] (2000). *Évaluation et mise en valeur des perspectives visuelles sur les fortifications et le Vieux-Québec*, Québec, Ville de Québec (CDEU), octobre.

Ville de Québec (1999). *Groupe de travail sur les autobus touristiques. Rapport du président. Le Vieux-Québec : un lieu à vivre et à voir, un projet pour le monde*, Québec, Ville de Québec, mai 1999.

Ville de Québec [Odile Roy] (1998). *Conserver et mettre en valeur le Vieux-Québec : guide d'intervention*, Québec, Ministère de la Culture et des Communications/Ville de Québec, 112 p.

Ville de Québec (1993). *Plan directeur : Vieux-Québec/Basse-Ville, Cap-Blanc : entre la falaise et le fleuve*, Québec, Service des communications et des relations extérieures, Ville de Québec, 80 p.

Ville de Québec (1988). *Une ville sur mesure. Plan directeur d'aménagement et de développement de la ville de Québec*, Québec, Ville de Québec, 1988 *(Plan du quartier. Vieux-Québec; Plan du quartier. Vieux-Québec/Basse-Ville; Patrimoine. Politique de développement)*.

Ville de Québec (1987). *Québec, la ville sous la ville*, Québec, Ville de Québec, 141 p.

Ville de Québec [Georges Leahy] (1986). *Regards sur l'architecture du Vieux-Québec*, Québec, Ville de Québec, 124 p.

Ville de Québec (1984). *Vieux-Québec / Basse-ville : une invitation à la renaissance d'un quartier*, Québec, Ville de Québec, 73 p.

Ville de Québec, CDEU (1999). *L'îlot des Palais. Haut lieu de commémoration et d'interprétation*, Québec, Ville de Québec, 26 p.

Ville de Québec, Division du Vieux-Québec et du patrimoine [Danielle Blanchet] (1989). *Vieux-Québec Cap-Blanc : place forte et port de mer*, Québec, Ville de Québec, 80 p., (Collection Les Quartiers de Québec).

Ville de Québec, Division du Vieux-Québec et du patrimoine (1982). *Guide pour la conservation et la mise en valeur de l'architecture du Vieux-Québec*, Québec, Service de l'urbanisme, Division du Vieux-Québec et du patrimoine, 95 p.

Ward, John (1993). *The World Heritage Site of Vieux-Quebec : An Examination and Discussion of the 1992 Monitoring by ICOMOS on Behalf of UNESCO*, s. l., s. éd., hiver, 39 p. et annexes.

SITES INTERNET

Comité des citoyens du Vieux-Québec
www.membres.lycos.fr/citoyenvieuxqueb/index.htm

Commission de toponymie du Québec
L'odonymie avant 1680
www.toponymie.gouv.qc.ca/Publications/poirier.htm

Parcs Canada
    Commission des lieux et monuments historiques du Canada :
    Répertoire des désignations d'importance historique nationale
    www.pc.gc.ca/apps/lhn-nhs/index_f.asp

Ministère de la Culture et des Communications du Québec
    Répertoire des biens culturels et arrondissements du Québec
    www.mcc.gouv.qc.ca/pamu/biens-culturels/index.htm
    Un survol de 150 ans de recherche
    www.mcc.gouv.qc.ca/pamu/champs/archeo/archisto/histarch.htm

Ville de Québec
    Présentation des quartiers
    www.ville.quebec.qc.ca./fr/ma_ville/quartiers.shtml

Achevé d'imprimer en mars 2008
sur les presses de l'imprimerie
Provinciale inc.
à Québec